Argraffiad cyntaf: 2018
© Hawlfraint Gwynfor Jones a'r Lolfa Cyf., 2018

Dylunio: Y Lolfa
Rhif Llyfr Rhyngwladol: 978-1-78461-579-6

Dymuna'r cyhoeddwyr gydnabod cymorth ariannol
Cyngor Llyfrau Cymru

Cyhoeddwyd ac argraffwyd yng Nghymru
ar bapur o goedwigoedd cynaliadwy gan
Y Lolfa Cyf., Talybont, Ceredigion SY24 5HE
e-bost ylolfa@ylolfa.com
gwefan www.ylolfa.com
ffôn 01970 832 304
ffacs 01970 832 782

PÊL-DROED CYMRU WELSH FOOTBALL

o ddydd i ddydd | day by day

STORI AR GYFER POB | A STORY FOR EACH
DYDD O'R FLWYDDYN | DAY OF THE YEAR

GWYNFOR JONES

y Lolfa

RHAGAIR

Ddwy flynedd ers llwyddiant dynion Cymru yn Ewro 2016, mae'r cyffro'n parhau gyda rheolwr newydd wrth y llyw ac enwau chwaraewyr newydd ar wefusau'r cefnogwyr. Cawsom ein cyffroi gan lwyddiant tîm merched Cymru dan reolwraig newydd, ac mae ein clybiau, mawr a bach, yn bwysig i ni.

Yn y llyfr dwyieithog hwn, rhoddir sylw i bersonoliaethau o Billy Meredith i Jess Fishlock, croniclir yr uchafbwyntiau a'r tor calon a hanes y clybiau sy'n adnabyddus i ni heddiw ac ambell un sydd wedi hen ddiflannu.

Diolch i Lefi a Garmon o wasg Y Lolfa am eu cefnogaeth; i Robat Trefor, golygydd y testun; i Robat Gruffudd ac Alan Thomas am ddylunio ac i fy ngwraig Shelagh am deipio'r llawysgrif.

Mwynhewch y darllen, a chadwn y ffydd.

Gwynfor Jones
Aberystwyth
Tachwedd 2018

FOREWORD

These are exciting times for Welsh supporters. Two years after our success at Euros 2016, the men's senior team has a new manager who's introduced a number of young faces that are rapidly becoming new heroes. We've been excited by the unprecedented success of the women's team under their new manager, and our clubs, big and small, are important to us.

In this bilingual book, I have included personalities from Billy Meredith to Jess Fishlock, the highlights and the heartbreak, the clubs that are familiar to us today and some that have disappeared.

Diolch to Lefi and Garmon from Y Lolfa for their support; to Robat Trefor editor of the text; to Robat Gruffudd and Alan Thomas for the design work and to my wife Shelagh for typing the manuscript.

Enjoy the reading, and keep the faith.

Gwynfor Jones
Aberystwyth
November 2018

IONAWR
JANUARY

1 IONAWR/JANUARY 1881

Ganed **George Latham** yn y Drenewydd ac fe enillodd 10 cap rhwng 1905 a 1913. Bu'n filwr yn Rhyfel y Boer ac yna yn y Rhyfel Byd Cyntaf gan ennill y Groes Filwrol am ei ddewrder. Ef oedd hyfforddwr tîm pêl-droed Prydain Fawr yng Ngemau Olympaidd Paris yn 1924, a thîm Caerdydd a enillodd Gwpan FA Lloegr yn 1927. Cafodd ei gynnwys yn Oriel Anfarwolion Chwaraeon Cymru yn 1993 ac fe enwyd maes y Drenewydd yn Barc Latham er cof amdano. Bu farw yn 1939.

George Latham was born in Newtown and he won 10 caps between 1905 and 1913. He fought in the Boer War and was awarded the Military Cross for his bravery in the First World War. He was the coach to the Great Britain football team at the Paris Olympic Games in 1924, and to Cardiff City's winning team at the 1927 FA Cup Final. He was inducted to the Welsh Sports Hall of Fame in 1993 and Newtown's ground is named Latham Park in his memory. He died in 1939.

2 IONAWR/JANUARY 1936

Ar y dydd hwn ganed **Ken Jones**, gôl-geidwad wrth gefn Cymru yn rowndiau terfynol Cwpan y Byd yn Sweden yn 1958. Roedd Ken yn ddewis annisgwyl ond roedd wedi serennu ym muddugoliaeth y tîm dan 23 oed dros Loegr ym mis Ebrill 1958. Bu farw yn 2013.

Ken Jones was born on this day. He was Wales's reserve goalkeeper at the World Cup finals in 1958. His inclusion in the squad was unexpected but he had starred in the under 23 victory against England in April 1958. He died in 2013.

3 IONAWR/JANUARY 2004

Bu farw **Tommy Jones**, Tywysog y Canolwyr, yn 86 oed. Bu 'TG' yn gapten Everton a Chymru cyn symud i Bwllheli i gadw gwesty'r Tŵr ac i fod yn chwaraewr-reolwr i dîm y dref. Uchafbwynt ei yrfa fel rheolwr oedd ennill Cwpan Cymru gyda Bangor yn 1962 ac yna wynebu cewri AC Napoli yng Nghwpan Enillwyr Cwpanau Ewrop. Daeth yr antur i ben yn y drydedd gêm a gynhaliwyd yn Highbury, maes Arsenal.

Tommy Jones, the Prince of Centre Halves, died aged 86. 'TG' captained Everton and Wales before leaving Goodison to run the Tower hotel in Pwllheli and to become the town's player-manager. His finest hour as a manager was winning the Welsh Cup with Bangor City in 1962 and then representing Wales in the European Cup Winners Cup. The Citizens held AC Napoli over two legs before losing a play-off at Arsenal's Highbury.

4 IONAWR/JANUARY 1992

Wrecsam – 2, Arsenal – 1 (Cwpan FA Lloegr, 3edd rownd): un o'r canlyniadau mwyaf annisgwyl erioed yn hanes y Cwpan. Arsenal oedd pencampwyr yr hen Adran Gyntaf yn 1991, tra roedd Wrecsam wedi gorffen ar waelod y Bedwaredd Adran. Sicrhaodd goliau Mickey Thomas a Steve Watkin fuddugoliaeth wych i'r Cochion.

Yr un diwrnod darlledwyd rhaglen gyntaf **Ar y Marc** ar BBC Radio Cymru.

Wrexham – 2, Arsenal – 1 (FA Cup, 3rd round): one of the greatest shocks in the history of the Cup. Arsenal were the reigning champions of the old First Division whilst Wrexham had finished bottom of the Fourth Division in 1991. Goals by Mickey Thomas and Steve Watkin meant the Welsh David had toppled the English Goliath.

5 IONAWR/JANUARY 1992

Y canlyniad ar y Cae Ras ddoe oedd y stori fawr yn y papurau Sul heddiw: *Yesterday's result at the Racecourse dominated today's Sunday papers:*

'Rock-bottom Arsenal as Watkin lands his ko punch' – Sunday Express
'Gunners wrecked by Steve' – Sunday Mirror
'Mickey mouse Arsenal' – News of the World
'Bye, George' – Wales on Sunday

6 IONAWR/JANUARY 2002

Caerdydd – 2, Leeds United – 1 (Cwpan FA Lloegr, 3edd rownd): buddugoliaeth wych i Gaerdydd yn erbyn y tîm oedd ar frig Uwchgynghrair Lloegr, a'r gôl fuddugol gan Scott Young wedi 87 munud yn fythgofiadwy.

Cardiff City – 2, Leeds United – 1 (FA Cup, 3rd round): a brilliant win by Cardiff over the leaders of the Premier League, with the unforgettable winner scored by Scott Young in the 87th minute.

7 IONAWR/JANUARY 1979

Ganed **Jayne Ludlow** yn Llwynypia. Enillodd Jayne Uwchgynghrair Lloegr ar naw achlysur gydag Arsenal, Cwpan FA Lloegr chwe gwaith, Cwpan y Gynghrair bedair gwaith, a Chwpan UEFA unwaith. Enillodd hi 61 cap a phenodwyd hi'n rheolwr tîm merched Cymru ym mis Hydref 2014.

Jayne Ludlow was born in Llwynypia. She won nine Premier League medals with Arsenal, six FA Cup medals, four League Cup medals and one UEFA Cup medal. She won 61 caps and was appointed Wales women's team manager in October 2014.

8 IONAWR/JANUARY 1977

Caerdydd – 1, Tottenham Hotspur – 0 (Cwpan FA Lloegr, 3edd rownd). Wedi 7 munud sgoriodd Peter Sayer y gôl fuddugol, gôl a newidiodd ei fywyd ac a ddefnyddiwyd fel rhan o deitlau agoriadol y rhaglen *Match of the Day* am weddill y tymor.

Cardiff City – 1, Tottenham Hotspur – 0 (FA Cup, 3rd round). Peter Sayer scored the 7th minute winner, a goal which changed his life and which appeared in the opening titles of Match of the Day *for the rest of the season.*

9 IONAWR/JANUARY 2013

Chelsea – 0, **Abertawe** – 2 (Cwpan Cynghrair Lloegr (Carling), rownd gyn-derfynol, cymal cyntaf). Gosododd y *Western Mail* (11 Ionawr 2013) fuddugoliaeth Abertawe dros y tîm oedd wedi ennill pencampwriaeth Ewrop yn 2012 yn drydydd mewn rhestr o'r canlyniadau gorau erioed gan dimau o Gymru. Sgôr yr ail gymal oedd 0 – 0.

*Chelsea – 0, **Swansea City** – 2 (Football League Cup (Carling), semi-final, first leg). Swansea's win over the reigning European champions was placed third in a list in the Western Mail (11 January 2013) of the best results ever by a Welsh team. The second leg ended 0 – 0.*

10 IONAWR/JANUARY 1987

Caernarfon – 0, Barnsley – 0 (Cwpan FA Lloegr, 3edd rownd). Torf o 2,630 ar yr Ofal. Collodd y Cofis y gêm ailchwarae ar 26 Ionawr, 1 - 0. Roedd Caernarfon wedi curo Stockport County 1 – 0 yn y rownd gyntaf a York City 2 – 1 yn yr ail rownd. Roedd Stockport County yn Adran 4 Cynghrair Lloegr, York City yn Adran 3 a Barnsley yn Adran 2.

Caernarfon Town – 0, Barnsley – 0 (FA Cup, third round). Attendance of 2,630 at the Oval. The Canaries lost the replay on 26 January 1 – 0. Caernarfon had beaten Stockport County 1 – 0 in the first round and York City 2 – 1 in the second round. Stockport County were in Division 4 of the Football League, York City in Division 3 and Barnsley in Division 2.

11 IONAWR/JANUARY 2017

Derbyniodd **Chris Coleman** radd MSc er anrhydedd Prifysgol Abertawe, yr ail anrhydedd gan ei ddinas enedigol yn dilyn Rhyddfraint y Ddinas a'r Sir ym mis Hydref 2016.

Chris Coleman was awarded an honorary MSc degree from Swansea University, the second honour from his home city following being given the Freedom of the City and County in October 2016.

12 IONAWR/JANUARY 1996

Bu farw **Dai Ward** yn 61 oed. Dau gap yn unig gafodd Dai ond fe sgoriodd gyfanswm o 90 gôl mewn 175 o gemau cynghrair i Bristol Rovers, yn cynnwys sgorio mewn wyth gem yn olynol.

Dai Ward died aged 61. Although he only won two caps he was a prolific scorer for Bristol Rovers with 90 goals in 175 league appearances, including a run of scoring in eight consecutive games.

13 IONAWR/JANUARY 1995

Symudodd **John Hartson**, 19 oed, o Luton Town i Arsenal am £2·5 miliwn, oedd yn record Brydeinig am chwaraewr oedd yn dal yn ei arddegau. Sgoriodd John 14 gôl mewn 53 o gemau i Arsenal yn Uwchgynghrair Lloegr.

HEFYD, ar y dydd hwn yn 1994 ganed **Tom Lawrence**.

John Hartson, aged 19, joined Arsenal from Luton Town for £2·5 million, a British record fee for a teenager. John scored 14 goals in 53 Premiership appearances for Arsenal.

*ALSO, on this day in 1994 **Tom Lawrence** was born.*

14 IONAWR/JANUARY 1987

Ganed **Jessica Fishlock** yng Nghaerdydd. Enillodd Jess ei chap cyntaf yn 2006, a'i chanfed ar 5 Ebrill 2017 – y chwaraewr cyntaf o Gymru i gyflawni'r gamp honno. Jess oedd chwaraewr y flwyddyn Cymru yn 2011, 2012, 2013 a 2014.

Jessica Fishlock was born in Cardiff. Jess won her first cap in 2006, and her 100th on 5 April 2017 – the first Welsh footballer to accomplish that feat. Jess was Welsh footballer of the year in 2011, 2012, 2013 and 2014.

15 IONAWR/JANUARY 1918

Ganed **Billy Lucas** yng Nghasnewydd, dwy stryd o'i Barc Somerton hoff. Enillodd Billy 7 cap gydag Abertawe a bu'n rheolwr yr Elyrch a Chasnewydd, lle cyflawnodd wyrthiau ar arian bach iawn.

Billy Lucas was born in Newport, two streets away from his beloved Somerton Park. Capped 7 times at Swansea, he managed the Swans and Newport County, where he performed miracles on a shoestring.

16 IONAWR/JANUARY 1920

Ganed **Walley Barnes** yn Aberhonddu yn ystod gwasanaeth milwrol ei dad. Enillodd fedalau pencampwriaeth yr Adran Gyntaf a Chwpan FA Lloegr gydag Arsenal a bu'n gapten craff a balch ar Gymru. Walley a Kenneth Wolstenholme oedd y sylwebwyr ar raglen gyntaf *Match of the Day* yn 1964. Bu farw yn 1975.

Walley Barnes was born in Brecon during his father's military service. He won First Division and FA Cup medals with Arsenal and was a proud and respected captain of Wales. Walley and Kenneth Wolstenholme were the commentators for the first Match of the Day *in 1964. He died in 1975.*

17 IONAWR/JANUARY 1946

Yn 68 oed bu farw **Ted Robbins**, gŵr a ddisgrifiwyd gan Walley Barnes fel y pwysicaf yn hanes pêl-droed Cymru. Bu'n Ysgrifennydd Cymdeithas Bêl-droed Cymru ers 1909. Cyn dyddiau rheolwyr cenedlaethol Ted oedd yn gyfrifol am bob agwedd o'r timau cenedlaethol, yn cynnwys eu hysbrydoli cyn gemau. Roedd Ted yn ddylanwadol ac yn uchel ei barch drwy'r byd pêl-droed, a mynychwyd ei angladd gan gannoedd o gynrychiolwyr clybiau, cymdeithasau a sefydliadau ledled gwledydd Prydain.

Ted Robbins died today aged 68. He had been Secretary of the Football Association of Wales since 1909 and was described by Walley Barnes as 'the greatest man in Welsh football history'. Before the days of national team managers Ted was responsible for all aspects of football management, including the team talk. He was influential and respected throughout the football world and his funeral was attended by hundreds of representatives of clubs, associations and organisations from the home nations.

18 IONAWR/JANUARY 1879

Lloegr – 2, **Cymru** – 1: y gêm gyntaf erioed rhwng y ddwy wlad, yn Kennington Oval, Llundain. Oherwydd fod y tywydd yn ddifrifol wael fe gytunodd y ddau gapten i chwarae dau hanner o 30 munud yr un.

*England – 2, **Wales** – 1: the first ever match between the two countries, at Kennington Oval, London. Due to the poor weather conditions the two captains agreed to play two halves of only 30 minutes each.*

19 IONAWR/JANUARY 2012

Bu farw **Syd Thomas** yn 92 oed. Enillodd Syd 4 cap gyda Fulham ond daeth ei yrfa i ben yn gynamserol oherwydd y diciâu. Dychwelodd i'w gartref ym Machynlleth ac ar ôl gwella aeth nôl i weithio ym mecws y teulu.

Syd Thomas died aged 92. He won 4 caps with Fulham but tuberculosis forced him into premature retirement. Syd returned to his home town Machynlleth and eventually resumed work in the family bakery.

Joe Ledley

20 IONAWR/JANUARY 1969

Lladdwyd Roy Evans a Brian Purcell, cyn-chwaraewyr **Abertawe,** gerllaw Glyn Ebwy wrth iddynt deithio i chwarae i Henffordd.

*Roy Evans and Brian Purcell, two former **Swansea Town** players, were tragically killed near Ebbw Vale when travelling to play for Hereford United.*

21 IONAWR/JANUARY 1917

Ganed **Stan Richards** yng Nghaerdydd. Roedd ei 30 gôl gynghrair yn nhymor 1946-47 yn record i glwb Caerdydd ac fe safodd tan 2002-03 pan dorrwyd hi gan Rob Earnshaw. Bu farw yn 1987.

Stan Richards was born in Cardiff. His 30 league goals in season 1946-47 was a Cardiff City record which stood until 2002-03 when it was broken by Rob Earnshaw. He died in 1987.

22 IONAWR/JANUARY 1938

Abertawe – 1, Fulham – 8 (Yr Ail Adran): colled fwyaf erioed Abertawe yng Nghyngrair Lloegr.

Swansea Town – 1, Fulham – 8 (Second Division): Swansea's worst defeat in the Football League.

23 IONAWR/JANUARY 1987

Ganed **Joe Ledley** yng Nghaerdydd. Joe sgoriodd y gôl yn erbyn Barnsley yn y rownd gyn-derfynol aeth â Chaerdydd i ffeinal Cwpan FA Lloegr yn 2008 ac fe sgoriodd eto yn Wembley yn 2010 wrth i'r Adar Glas golli 3-2 i Blackpool yn ffeinal gemau ail gyfle'r Bencampwriaeth. Enillodd Joe 4 medal gyda Glasgow Celtic a bu'n aelod cyson o dîm Cymru ers 2007. Roedd Joe yn ffefryn mawr gyda'r cefnogwyr yn ystod ymgyrch Ewro 2016 ac yn ogystal â'i gyfraniad ar y cae daeth yn enwog am ei farf a'i ddawns unigryw.

HEFYD, ar y dydd hwn yn 1989 ganed **James Chester.**

Joe Ledley *was born in Cardiff. He scored the goal against Barnsley which took Cardiff to the FA Cup Final in 2008, and he scored again at Wembley in 2010 when the Bluebirds lost 3-2 to Blackpool in the Championship play-off final. Joe won 4 medals with Glasgow Celtic and was a regular for Wales from 2007. Joe was a great favourite with the fans during Euro 2016. To them 'Ain't nobody like Joe Ledley'. As well as his contribution on the field he became known for his beard and for his dance routine.*

ALSO, on this day in 1989 **James Chester** *was born.*

24 IONAWR/JANUARY 1987

Ganed **Wayne Hennessey** ym Mangor a'i fagu ym Miwmares. Cafodd ei gyfle cyntaf yng Nghynghrair Lloegr ym mis Ionawr 2007 pan symudodd ar fenthyg o Wolverhampton Wanderers i Stockport County. Yno fe sefydlodd y gôl-geidwad ifanc record newydd yng Nghynghrair Lloegr, sef 9 gêm heb ildio gôl. Bu Wayne yn ddewis cyntaf i Gymru oddi ar ennill ei gap cyntaf yn erbyn Seland Newydd yn 2007, ac erbyn haf 2015 roedd Wayne yn ail i Neville Southall fel y gôl-geidwad gyda'r nifer mwyaf o gapiau.

Wayne Hennessey was born in Bangor and raised in Beaumaris. He made his Football League debut in January 2007 when he was on loan from Wolverhampton Wanderers at Stockport County. The young goalkeeper set a new Football League record of 9 successive clean sheets. Wayne was Wales's first choice goalkeeper since his debut against New Zealand in 2007. By the summer of 2015 Wayne was second to Neville Southall as Wales's most capped goalkeeper.

25 IONAWR/JANUARY 2002

Trosglwyddodd Tony Petty berchnogaeth clwb **Abertawe** i ddwylo consortiwm lleol dan arweiniad y cyn-chwaraewr Mel Nurse. Roedd Petty wedi talu £1 am y clwb ym mis Hydref 2001 a chyn pen dim cyhoeddodd fod pob aelod o'r garfan naill ai ar werth neu'n cael toriad sylweddol yn eu cyflogau. Petty oedd prif elyn y cyhoedd yn Abertawe.

Tony Petty transferred **Swansea City** *to a local consortium led by former player Mel Nurse. Petty had bought the club for £1 in October 2001 and* *wasted no time in placing the entire squad either on the transfer list or offering them reduced terms. Petty had become public enemy number one in Swansea.*

26 IONAWR/JANUARY 1957

Y dorf fwyaf erioed ar y Cae Ras, **Wrecsam** – 34,445 – yn gwylio Wrecsam – 0, Manchester United – 5 (Cwpan FA Lloegr, 4edd rownd). Ar y pryd roedd y dorf hon oddeutu 2,000 yn fwy na phoblogaeth gyfan Wrecsam.

*A record crowd of 34,445 at the Racecourse, Wrexham to see **Wrexham** – 0, Manchester United – 5 (FA Cup, 4th round). At the time the attendance was about 2,000 higher than the entire population of Wrexham.*

27 IONAWR/JANUARY 1972

Ganed **Nathan Blake** yng Nghaerdydd a'i fagu yng Nghasnewydd. Talodd Sheffield United £300,000 i Gaerdydd amdano ym mis Chwefror 1994, gydag addewid o £200,000 pellach pe byddai'r clwb yn aros yn yr Uwchgynghrair. Ddigwyddodd hynny ddim. Ffarweliodd Nathan â'r Uwchgyngrair bum gwaith – gyda Sheffield United yn 1994, Bolton Wanderers yn 1996 a 1998, Blackburn Rovers yn 1999 a Wolverhampton Wanderers yn 2004. Enillodd Nathan 29 cap rhwng 1994 a 2003.

Nathan Blake was born in Cardiff and raised in Newport. Sheffield United paid Cardiff City £300,000 for Nathan in February 1994 with another £200,000 payable if the Blades avoided relegation from the Premiership. Sheffield United were relegated and Nathan had to endure the same fate with Bolton Wanderers in 1996 and 1998, Blackburn Rovers in 1999 and Wolverhampton Wanderers in 2004. Nathan won 29 caps between 1994 and 2003.

28 IONAWR/JANUARY 1961

Caerdydd – 16, Trefyclo – 0 (Cwpan Cymru, 5ed rownd): dyma fuddugoliaeth fwyaf Caerdydd erioed a'r 6 gôl gan Derek Tapscott yr uchaf erioed i'r clwb gan unigolyn mewn cystadleuaeth.

Cardiff City – 16, Knighton Town – 0 (Welsh Cup, 5th round): Cardiff's biggest victory and Derek Tapscott's 6 goals a club record for an individual in a competitive match.

29 IONAWR/JANUARY 1994

Caerdydd – 1, Manchester City – 0 (Cwpan FA Lloegr, 4edd rownd). Roedd Caerdydd yng ngwaelodion yr Ail Adran, Manchester City yn yr Uwchgynghrair, a'r gêm yn fyw ar y teledu. Daeth gôl ryfeddol Nathan Blake wedi 64 munud, celfyddyd bur gyda'i droed chwith.

Cardiff City – 1, Manchester City – 0 (FA Cup, 4th round). Cardiff were 17th in Division 2, Manchester City were in the Premiership, and the match was televised live. At 64 minutes Nathan Blake scored a brilliant goal, a work of art with his left foot.

30 IONAWR/JANUARY 1955

Ganed **Ian Edwards** yn yr Orsedd, Wrecsam. Anfarwolodd ei hun trwy sgorio 4 gôl yn erbyn Malta yn 1978, ei unig goliau mewn 4 gêm ryngwladol.

Ian Edwards was born in Rossett, Wrexham. He secured his place in the history books with his 4 goals against Malta in 1978, his only international goals in 4 matches.

31 IONAWR/JANUARY 1889

Ganed **Jack Evans** yn y Bala. Jack y Bala oedd chwaraewr proffesiynol cyntaf Caerdydd yn 1910, sgoriwr gôl gyntaf y clwb pan agorwyd Parc Ninian, y chwaraewr cyntaf o'r clwb i gynrychioli Cymru (yn 1912), a phan ymunodd Caerdydd â Chynghrair Lloegr yn 1920 roedd Jack yno i sgorio yn y gêm gyntaf. Bu farw yn 1971.

Jack Evans was born in Bala. 'Bala Bang' became Cardiff City's first ever professional player in 1910; he scored his side's first goal when Ninian Park was opened, was the first Cardiff player to represent Wales (in 1912), and when Cardiff were elected to the Football League in 1920 Jack was there to score in the first match. He died in 1971.

CHWEFROR
FEBRUARY

1 CHWEFROR/FEBRUARY 1930

Iwerddon – 7, **Cymru** – 0, a Joe Bambrick yn sgorio 6 gôl. Nid yn annisgwyl, efallai, dyma unig gêm Dick Finnegan yn y gôl i Gymru.

*Ireland – 7, **Wales** – 0, with Joe Bambrick scoring 6 of the goals. Not unexpectedly, perhaps, this was Dick Finnegan's only appearance in the Welsh goal.*

2 CHWEFROR/FEBRUARY 1876

Sefydlwyd **Cymdeithas Bêl-droed Cymru** yng ngwesty Wynnstay, Wrecsam, y gymdeithas genedlaethol drydydd hynaf yn y byd.

*The **Football Association of Wales** was founded at the Wynnstay Arms Hotel, Wrexham, making the FAW the third-oldest national association in the world.*

3 CHWEFROR/FEBRUARY 1899

Ganed **Bob John** yn y Barri. Enillodd Bob fedal pencampwriaeth yr Adran Gyntaf deirgwaith gydag Arsenal, yn 1931, 1933 a 1934. Bob oedd y Cymro cyntaf i ymddangos deirgwaith yn ffeinal Cwpan FA Lloegr yn Wembley – ennill yn 1930, a cholli yn 1927 (yn erbyn Caerdydd) a 1931. Bu ei gyfanswm o 422 o gemau cynghrair yn record i glwb Arsenal tan 1974.

Bob John was born in Barry. He won three First Divison championship medals with Arsenal, in 1931, 1933 and 1934. Bob was the first Welshman to appear in three Wembley FA Cup finals – on the winning side in 1930, and losing in 1927 (against Cardiff City) and 1931. His total of 422 league appearance stood as a club record for Arsenal until 1974.

4 CHWEFROR/FEBRUARY 1992

Bu farw **Alan Davies**. Wedi dim ond tair gêm gynghrair serenodd Alan i Manchester United pan ailchwaraewyd ffeinal Cwpan FA Lloegr yn erbyn Brighton yn 1983, a dilynodd ei gap cyntaf bum diwrnod yn ddiweddarach. Torrodd ei goes ddwywaith ac effeithiodd hyn yn fawr ar yrfa a ddaeth i ben gydag Abertawe yn Adran 3.

Cafwyd ei gorff yn ei gar gerllaw pentref Horton. Roedd yn 30 oed.

Alan Davies died today. He starred in Manchester United's FA Cup final replay win over Brighton in 1983 after just three league games, and his first cap followed five days later. A broken leg twice interrupted his career which ended with Swansea City in Division 3. His body was found in his car near the village of Horton. He was 30 years old.

5 CHWEFROR/FEBRUARY 1958

Cymru – 2, Israel – 0: Cymru yn sicrhau lle yn rowndiau terfynol Cwpan y Byd yn Sweden, ar yr ail gynnig – gweler 15 Rhagfyr.

Wales – 2, Israel – 0: Wales win a place at the World Cup finals in Sweden, at the second attempt – see 15 December.

6 CHWEFROR/FEBRUARY 1932

Caerdydd – 9, Thames – 2 (Y Drydedd Adran – De): buddugoliaeth fwyaf Caerdydd yng Nghynghrair Lloegr gyda Walter Robbins yn sgorio 5 gôl a Len Davies, cyn-ffefryn Caerdydd, yn sgorio un o goliau Thames. Roedd tîm Thames yn gwisgo 10 o grysau rhyngwladol Davies.

Cardiff City – 9, Thames – 2 (Third Division South): Cardiff's record victory in the Football League. Walter Robbins scored 5 goals and Len Davies, a former City favourite, scored one of the Thames goals. Thames wore 10 of Davies's international shirts.

7 CHWEFROR/FEBRUARY 1935

Ganed **Cliff Jones** yn Abertawe. Wedi i Abertawe ei werthu i Tottenham Hotspur am £35,000, oedd yn record Brydeinig, daeth Cliff yn un o sêr y tîm enillodd y dwbl, y Gynghrair a Chwpan FA Lloegr, yn 1961, y Cwpan eto yn 1962 a Chwpan Enillwyr Cwpanau Ewrop yn 1963. Enillodd Cliff 59 cap ac fe sgoriodd 16 gôl i Gymru.

HEFYD, ar y dydd hwn yn 1989 ganed **Neil Taylor**.

Cliff Jones was born in Swansea. After being sold by Swansea Town for a British record fee of £35,000, Cliff became one of the stars at Tottenham Hotspur who won the League and FA Cup double in 1961, retained the FA Cup in 1962 and won the European Cup Winners Cup in 1963. He scored 16 goals in 59 appearances for Wales.

*ALSO, on this day in 1989 **Neil Taylor** was born.*

8 CHWEFROR/FEBRUARY 2011

Gweriniaeth Iwerddon – 3, **Cymru** – 0: gêm gyntaf Gary Speed wrth y llyw, y gêm gyntaf yn y gystadleuaeth fyrhoedlog am Gwpan Carling y Cenhedloedd (Cymru, Yr Alban, Gogledd Iwerddon a Gweriniaeth Iwerddon), ac ymweliad cyntaf Cymru â stadiwm newydd Aviva yn Nulyn. Cymru oedd yr unig wlad i chwarae yn y chwe stadiwm wahanol yn Nulyn a ddefnyddiwyd gan y Weriniaeth ar gyfer gemau cartref.

*Republic of Ireland – 3, **Wales** – 0: Gary Speed's first match as manager, the first match in the short-lived Carling Nations Cup (Wales, Scotland, Northern Ireland and the Republic of Ireland), and Wales's first visit to the new Aviva stadium in Dublin. Wales was the only country to have played at all six venues used in Dublin for the Republic's home matches.*

9 CHWEFROR/FEBRUARY 2005

Cymru – 2, Hwngari – 0. Dechreuodd ail gyfnod John Toshack yn rheolwr Cymru gyda buddugoliaeth a sicrhawyd gan ddwy gôl Craig Bellamy. Oherwydd absenoldeb amryw o chwaraewyr dim ond tri Chymro gyda chlybiau yn Uwchgynghrair Lloegr ddechreuodd y gêm – Bellamy, Simon Davies a Rob Earnshaw.

__Wales__ – 2, Hungary – 0. John Toshack's second reign as Wales manager began with a win courtesy of two goals by Craig Bellamy. Following a number of withdrawals Wales started with only three Premiership players – Bellamy, Simon Davies and Rob Earnshaw.

10 CHWEFROR/FEBRUARY 1961

Yn 79 oed bu farw **Llew Davies**, y chwaraewr cyntaf i ennill Cwpan Cymru saith gwaith. Gwnaeth hyn yn 1903, 1904, 1905, 1909, 1910, 1914 a 1915 gyda chlybiau Wrecsam a'r Derwyddon.

Llew Davies died aged 79. He was the first player to win the Welsh Cup seven times. He achieved this in 1903, 1904, 1905, 1909, 1910, 1914 and 1915 with Wrexham and Druids.

11 CHWEFROR/FEBRUARY 1997

Cymru – 0, Gweriniaeth Iwerddon – 0. Dim ond 7,000 oedd yn gwylio gêm ddi-sgôr yn y gwynt a'r glaw, ac yn edmygu doniau disglair Mark Crossley, oedd yn ennill ei gap cyntaf yn y gôl i Gymru, a Paul McGrath, 82 cap i Iwerddon.

Wales – 0, Republic of Ireland – 0. Only 7,000 spectators braved the wind and rain to see this goal-less draw, and to admire the brilliance of Mark Crossley, winning his first cap in the goal for Wales, and Paul McGrath, winning his 82nd cap for Ireland.

12 CHWEFROR/FEBRUARY 1988

Gwrthododd clwb Nottingham Forest ryddhau Brian Clough i fod yn rheolwr rhan-amser **Cymru**.

*'Wales shock as Clough is denied job' was the Western Mail's front page headline as Nottingham Forest blocked Brian Clough's appointment as part-time manager of **Wales**.*

13 CHWEFROR/FEBRUARY 2002

Cymru – 1, Ariannin – 1. Dyma ganlyniad calonogol iawn i Gymru yn erbyn tîm oedd 99 o lefydd yn uwch na ni yn rhestr detholion FIFA. Mae'n wir nad hwn oedd tîm cryfaf yr Ariannin ond gyda phob Cymro yn tynnu ei bwysau bu'n rhaid i'r ymwelwyr fodloni ar gêm gyfartal. Sgoriwyd gôl Cymru gan Craig Bellamy, peniad o gic rydd Ryan Giggs.

Wales – 1, Argentina – 1. This was an encouraging display by Wales against a team 99 places above us in the FIFA rankings. It was not Argentina's strongest team but with every Welshman giving a big performance the visitors had to settle for a draw. The Welsh goal was a header by Craig Bellamy from Ryan Giggs's free kick.

14 CHWEFROR/FEBRUARY 2005

Bu farw **Ron Burgess** yn 87 oed. Enillodd Ron 32 cap rhwng 1946 a 1954, ac ef oedd capten, calon ac ysbrydoliaeth tîm enwog pasio a rhedeg Tottenham Hotspur, pencampwyr Cynghrair Lloegr yn 1951.

Ron Burgess died aged 87. He won 32 caps between 1946 and 1954, and was the captain and midfield inspiration of the famous Tottenham Hotspur push and run team, Football League champions in 1951.

15 CHWEFROR/FEBRUARY 1996

Roedd yna ryddhad mawr yn **Abertawe** heddiw fod Kevin Cullis wedi gadael ei swydd yn rheolwr ar y Vetch, wedi 7 diwrnod yn unig – oherwydd ei fod mor anobeithiol. Ei swydd flaenorol oedd rheolwr ieuenctid Cradley Town.

*A huge sigh of relief in **Swansea** today as Kevin Cullis leaves the post of manager, after just 7 days. His previous job was youth manager of Cradley Town and he was obviously out of his depth at the Vetch.*

16 CHWEFROR/FEBRUARY 1924

Cymru – 2, Yr Alban – 0, ar Barc Ninian, Caerdydd. Am y tro cyntaf roedd y ddau gapten yn dod o'r un clwb, Caerdydd, sef Fred Keenor i Gymru, a Jimmy Blair i'r Alban.

Wales – 2, Scotland – 0, at Ninian Park, Cardiff. Cardiff City became the first club to provide both team captains, Fred Keenor for Wales and Jimmy Blair for Scotland.

17 CHWEFROR/FEBRUARY 1968

Y dorf fwyaf erioed ar gae'r Vetch, **Abertawe** – 32,796 – yn gwylio

Abertawe – 0, Arsenal – 1 (Cwpan FA Lloegr, 4edd rownd).

*A record crowd of 32,796 at the Vetch, **Swansea**, to see Swansea – 0, Arsenal – 1 (FA Cup, 4th round).*

18 CHWEFROR/FEBRUARY 1998

Yn 40 oed bu farw **Robbie James** wrth chwarae i Lanelli yn erbyn Porthcawl ar Stebonheath, Llanelli. Roedd cyfraniad Robbie yn allweddol wrth i Abertawe godi o'r Bedwaredd Adran i'r Gyntaf mewn 4 blynedd a bu'n Chwaraewr y Flwyddyn i Abertawe a Chaerdydd. Roedd ei gyfanswm o 786 o gemau yng Nghynghrair Lloegr yn dal yn record i Gymro yn 2018. Enillodd Robbie 47 cap.

Robbie James died aged 40 while playing for Llanelli against Porthcawl at Stebonheath, Llanelli. He was a mainspring of the Swansea side which rose from the Fourth Division to the First in 4 years and he won Player of the Year awards for both Swansea and Cardiff. His total of 786 Football League appearances still stood as a record for a Welshman in 2018. He won 47 caps.

19 CHWEFROR/FEBRUARY 1992

Gweriniaeth Iwerddon – 0, **Cymru** – 1. Cafodd Kit Symons gêm gyntaf wych ond seren y gêm oedd y gôl-geidwad Neville Southall. Sgoriodd Mark Pembridge ei gôl gyntaf i'w wlad ac fe gollodd y Gwyddelod gartref am y tro cyntaf ers i Gymru eu curo yn 1986.

*Republic of Ireland– 0, **Wales** – 1. Kit Symons made an impressive debut but the man of the match was goalkeeper Neville Southall. Mark Pembridge scored his first international goal to inflict the first home defeat for the Irish since Wales beat them in 1986.*

20 CHWEFROR/FEBRUARY 2014

Abertawe – 0, Napoli – 0 (Cynghrair Ewropa, rownd 32 olaf, cymal cyntaf). Roedd Abertawe eisoes wedi chwarae 10 gêm yng Nghynghrair Ewropa yn nhymor 2013-14. Roedd Napoli yn drydydd yn Serie A a hon oedd pedwaredd gêm Gary Monk ers iddo ddilyn Michael Laudrup wrth y llyw yn y Liberty. Chwaraewyd yr ail gymal wythnos yn ddiweddarach a'r sgôr oedd Napoli – 3, Abertawe – 1.

Swansea City – 0, Napoli – 0 (Europa League, round of 32, first leg). Swansea had already played 10 matches in the Europa League in season 2013-14. Napoli were in third position in Serie A and this was Gary Monk's fourth match as Swansea interim manager following the departure of Michael Laudrup. The second leg was played a week later and ended Napoli – 3, Swansea – 1.

21 CHWEFROR/FEBRUARY 2004

Yn 72 oed bu farw **John Charles**, pêl-droediwr gorau Cymru, yn Ysbyty Pinderfields, Wakefield, Swydd Efrog. Cafodd John ei daro'n wael wrth ymweld â'r Eidal a bu'n rhaid i lawfeddygon dorri rhan o'i droed dde i ffwrdd. Talodd clwb Juventus am ei gludo gartref, ynghyd â thîm meddygol. Cynhaliwyd ei angladd yn Eglws y Plwyf, Leeds, ar Ddydd Gŵyl Dewi. (Gweler hefyd 27 Rhagfyr).

John Charles, Wales's greatest footballer, died aged 72 at Pinderfields Hospital, Wakefield, Yorkshire. John had been taken ill while visiting Italy and surgeons had to amputate part of his right foot. Juventus paid for his return home, accompanied by a medical team. His funeral was held in Leeds Parish Church on St David's Day. (See also 27 December).

22 CHWEFROR/FEBRUARY 1937

Ganed **Bryan Orritt** yng Nghwm y Glo. Chwaraeodd Bryan mewn dwy ffeinal Ewropeaidd i Birmingham City. Roedd hynny yn yr 'Inter Cities Fairs Cup', sef cymal cyntaf di-sgôr yn erbyn Barcelona yn 1960, a chymal cyntaf cyfartal 2 – 2 yn erbyn Roma yn 1961. Sgoriodd Bryan yn y gêm honno ond collwyd yr ail gymal 2 – 0. Bryan sgoriodd y gôl fuddugol i Gymru pan gurwyd Lloegr 2 – 1 yn y gêm gyntaf dan 23 oed. Bu Bryan farw yn Ne Affrica yn 2014 yn 77 oed.

HEFYD, ar y dydd hwn yn 1965 ganed **Osian Roberts**.

Bryan Orritt was born in Cwm y Glo. He played in two European Inter Cities Fairs Cup finals with Birmingham City – the goal-less first leg against Barcelona in 1960 and the first leg against Roma in 1961, which ended 2 – 2, with Bryan scoring one goal. The second leg was lost 2 – 0.

John Charles

Bryan scored the winning goal for Wales in the 2 – 1 defeat of England in the first under 23 international. Bryan died in South Africa in 2014 aged 77.

*ALSO, on this day in 1965 **Osian Roberts** was born.*

23 CHWEFROR/FEBRUARY 2000

Qatar – 0, **Cymru** – 1. Gwelodd torf o 2,000 yn Doha yr unig gôl gan John Robinson. Roedd Cymru'n gwisgo cit newydd gan Lotto, yr unig dro y gwelwyd y crysau gwyn gyda draig werdd ar y blaen. Ond y testun siarad oedd absenoldeb Ryan Giggs unwaith eto, y 18fed gêm gyfeillgar yn olynol iddo ei methu. Rheolwr Qatar oedd Džemal Hadžiabdić, gynt o Abertawe.

*Qatar – 0, **Wales** – 1. John Robinson scored the only goal in Doha, watched by 2,000 spectators. Wales wore a new kit by Lotto, the only time the white shirt with a green dragon on the front was worn. The main topic of conversation was Ryan Giggs's absence, the 18th consecutive friendly international he had missed. Qatar's manager was Džemal Hadžiabdić, formerly of Swansea City.*

24 CHWEFROR/FEBRUARY 2013

Abertawe – 5, Bradford City – 0 (Rownd derfynol Cwpan Cynghrair Lloegr (Carling)). Enillodd Abertawe eu cwpan cyntaf y tu allan i Gymru gyda buddugoliaeth glinigol yn Wembley dros y tîm o Adran 2.

*Swansea City** – 5, Bradford City – 0 (Football League Cup (Carling) Final). Swansea won their first trophy outside Wales with a clinical win at Wembley over the team from League 2.*

25 CHWEFROR/FEBRUARY 1882

Cymru – 7, Iwerddon – 1: y gêm gyntaf erioed rhwng y ddwy wlad, gyda John Price yn sgorio 4 gôl ar y Cae Ras, Wrecsam.

*Wales** – 7, Ireland – 1: the first match between the two countries with John Price scoring 4 goals at the Racecourse, Wrexham.*

26 CHWEFROR/FEBRUARY 1979

Ganed **Steve Evans** yn Wrecsam. Enillodd Steve bencampwriaeth Uwchgynghrair Cymru bum gwaith a Chwpan Cymru ddwywaith gyda Total Network Solutions/Y Seintiau Newydd. Cafodd Steve saith cap gyda Wrecsam, yr olaf ohonynt wedi i'r clwb ddisgyn o Gynghrair Lloegr yn 2008.

Steve Evans was born in Wrexham, He won five Welsh Premier League championship medals and two Welsh Cup medals with Total Network Solutions/The New Saints. Steve won seven caps with Wrexham, the last coming after the club had been relegated from the Football League in 2008.

27 CHWEFROR/FEBRUARY 2010

Stoke City – 1, Arsenal – 3 (Uwchgynghrair Lloegr). Wedi i'w dacl erchyll dorri pigwrn **Aaron Ramsey** mae Ryan Shawcross yn disodli Joe Jordan fel prif elyn cefnogwyr Cymru.

*Stoke City – 1, Arsenal – 3 (Premier League). A horror tackle by Ryan Shawcross breaks **Aaron Ramsey's** ankle. The Stoke City defender takes over from Joe Jordan as Welsh football's bête noire.*

28 CHWEFROR/FEBRUARY 1989

Caewyd clwydi Parc Somerton, **Casnewydd,** wedi i'r Uchel Lys ddirwyn y clwb i ben. Yn ôl y *Western Mail* heddiw roedd y dyledion yn £126,145. Roedd cadeirydd y clwb, yr Americanwr Jerry Sherman, wedi gofyn am ddeuddydd ychwanegol i dalu.

*'End of **Newport County'** is the headline in the* Western Mail *today following the High Court decision to wind up the club which had debts of £126,145. The club's American chairman, Jerry Sherman, had pleaded for two more days to pay.*

Cymru – 0, Costa Rica – 1: y gêm nad oedd unrhyw un wedi dychmygu y byddai'n cael ei chynnal, sef Gêm Goffa **Gary Speed.** Ar noson emosiynol, gyda'i feibion ifanc Ed a Tom yn arwain y tîm i'r maes, roedd y canlyniad yn amherthnasol.

Wales – *0, Costa Rica* – *1: the match nobody expected to see, the Gary Speed Memorial Match. On an emotional night, with his young sons Ed and Tom leading out the team, the result was irrelevant.*

MAWRTH
MARCH

1 MAWRTH/MARCH 1978

Cymerodd **John Toshack** yr awenau ar y Vetch, Abertawe, a
dechreuodd y clwb ar daith ryfeddol. Roedd yr Elyrch yn y
Bedwaredd Adran ond erbyn haf 1981 roeddynt yn edrych ymlaen
at chwarae yn yr Adran Gyntaf am y tro cyntaf.

*John Toshack takes over as Swansea manager, and the club begins a
remarkable journey. The Swans were in the Fourth Division but by the summer
of 1981 they were preparing for their first season in the First Division.*

2 MAWRTH/MARCH 1991

Manchester United – 0, Everton – 2 (Yr Adran Gyntaf). Wedi 35
munud ymddangosodd **Ryan Giggs**, 17 oed, fel eilydd yn lle Denis
Irwin, gêm gyntaf Ryan yng Nghynghrair Lloegr.

Manchester United – 0, Everton – 2 (First Division). **Ryan Giggs**, *aged 17,
makes his Football League debut when he replaces Denis Irwin after 35
minutes.*

3 MAWRTH/MARCH 1888

Cymru – 11, Iwerddon – 0: buddugoliaeth fwyaf Cymru gyda
Jack Doughty yn sgorio pedair o'r goliau ar y Cae Ras, Wrecsam.
Adroddwyd fod tri o'r Cymry wedi gadael yn gynnar i ddal eu
trenau.

*Wales – 11, Ireland – 0: Wales's record victory with Jack Doughty scoring 4
goals at the Racecourse, Wrexham. It was reported that three Welsh players
left before the final whistle to catch their trains.*

1962:

Wrecsam – 10, Hartlepool United – 1 (Y Bedwaredd Adran). Hefyd
ar 3 Mawrth ac ar y Cae Ras, gyda'r un cyfanswm goliau, cafodd
Wrecsam eu buddugoliaeth fwyaf erioed yng Nghynghrair Lloegr.
Sgoriodd tri o chwaraewyr Wrecsam hatric yr un – Wyn Davies, Roy
Ambler a Ron Barnes.

Wrexham – *10, Hartlepool United* – *1 (Fourth Division). Also on 3 March at the Racecourse, and also with 11 goals in the match, Wrexham's record victory in the Football League. Three Wrexham players scored hat-tricks – Wyn Davies, Roy Ambler and Ron Barnes.*

4 MAWRTH/MARCH 1955

Ganed **Joey Jones** yn Llandudno. Yn 1977 Joey oedd y Cymro cyntaf i ennill Cwpan Ewrop ac enillodd 72 cap rhwng 1975 a 1986. Yn gystadleuol, brwydfrydig, hoffus a diymhongar, roedd gan Joey berthynas arbennig gyda'r ffans lle bynnag y chwaraeai.

Joey Jones was born in Llandudno. Competitive, enthusiastic, likeable and modest, Joey had a special relationship with the fans wherever he played. In 1977 he became the first Welshman to win the European Cup and he won 72 caps between 1975 and 1986.

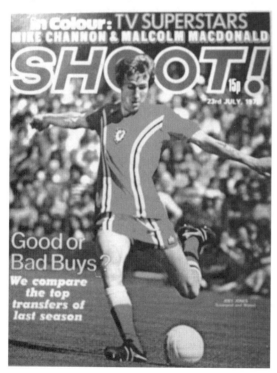

Joey Jones

5 MAWRTH/MARCH 1877

Cymru – 0, Yr Alban – 2: gêm gartref gyntaf Cymru, a'r gyntaf o 92 o gemau rhyngwladol ar y Cae Ras, Wrecsam. Yn 2008 bu i 'Guinness World Records' gydnabod mai'r stadiwm hon yw'r hynaf yn y byd sy'n dal i gael ei defnyddio.

Wales – 0, Scotland – 2: Wales's first match at home, and the first of 92 international matches at the Racecourse, Wrexham. In 2008 'Guinness World Records' recognised the stadium as the world's oldest international stadium still in use.

6 MAWRTH/MARCH 1911

Cymru – 2, Yr Alban – 2: y gyntaf o 83 o gemau rhyngwladol ar Barc Ninian, Caerdydd, a gêm ryngwladol olaf y gôl-geidwad chwedlonol Leigh Richmond Roose (gweler 7 Hydref). Sgoriwyd dwy gôl Cymru gan Gren Morris (gweler 13 Ebrill).

Wales – 2, Scotland – 2: the first of 83 international matches at Ninian Park, Cardiff, and the last international appearance by Leigh Richmond Roose, the legendary goalkeeper (see 7 October). Gren Morris (see 13 April) scored both Wales goals.

7 MAWRTH/MARCH 1968

Dinistriwyd rhannau o'r brif eisteddle ac ystafelloedd ar y Vetch, **Abertawe,** gan dân.

*Fire destroyed a section of the main stand and rooms at the Vetch Field, **Swansea**.*

8 MAWRTH/MARCH 1971

Ganed **Kit Symons** yn Basingstoke. Enillodd Kit 37 cap i Gymru gyda Portsmouth, Manchester City, Fulham a Crystal Palace. Bu'n rheolwr ar Fulham ac yn is-reolwr Cymru dan Chris Coleman.

Kit Symons was born in Basingstoke. Kit played 37 times for Wales when he was with Portsmouth, Manchester City, Fulham and Crystal Palace. He became manager of Fulham and Wales assistant manager under Chris Coleman.

9 MAWRTH/MARCH 1994

Cymru – 1, Norwy – 3. Doedd penodiad John Toshack i olynu Terry Yorath yn rheolwr ddim wrth fodd pawb, ac fe synhwyrodd Tosh hynny yn ei gêm gyntaf – oedd hefyd ei gêm olaf. Mewn cynhadledd i'r wasg yn San Sebastian ar 16 Mawrth cyhoeddodd John ei ymddiswyddiad.

Wales – 1, Norway – 3. John Toshack's appointment as manager to succeed Terry Yorath had not been welcomed throughout the game in Wales and Tosh had an uneasy first match – which was also his last. At a press conference at San Sebastian on 16 March John announced his resignation.

10 MAWRTH/MARCH 1971

Caerdydd – 1, Real Madrid – 0 (Cwpan Enillwyr Cwpanau Ewrop, rownd yr wyth olaf, cymal cyntaf). Daeth unig gôl y gêm wedi 32 munud pan beniodd Brian Clark groesiad perffaith Nigel Rees o'r asgell chwith – noson i'w chofio i'r dorf o 47,500 ar Barc Ninian. Collodd yr Adar Glas yr ail gymal 0 – 2.

Cardiff City – 1, Real Madrid – 0 (European Cup Winners Cup, quarter-final, first leg). Brian Clark headed the only goal at 32 minutes, a perfect left wing cross by Nigel Rees – a night to remember for 47,500 spectators at Ninian Park. The Bluebirds lost the second leg 0 – 2.

11 MAWRTH/MARCH 1990

Bu farw **Alf Sherwood** yn 66 oed. Enillodd Alf 41 cap rhwng 1946 a 1956, 39 ohonynt gyda Chaerdydd, oedd yn record i'r clwb tan 2016. Wedi iddo adael Caerdydd yn 1956 chwaraeodd Alf i Gasnewydd am bum mlynedd. Alf oedd brenin y llithr dacl, ac mae'n dal i gael ei ystyried yn un o gefnwyr gorau erioed Cymru.

Alf Sherwood died age 66. He won 41 caps between 1946 and 1956, 39 with Cardiff City, and he held the record of being the club's most capped player until 2016. After he left Cardiff in 1956 Alf played for Newport County for five years. Alf was the king of the sliding tackle, and is still considered to be one of the best full-backs to have played for Wales.

12 MAWRTH/MARCH 1964

Abertawe – 1, Preston North End – 2 (Cwpan FA Lloegr, rownd gyn-derfynol). Yn dilyn eu buddugoliaethau dros Barrow, Sheffield United, Stoke City a Lerpwl roedd Abertawe o fewn un cam i Wembley. Cawsant eu curo yn y mwd ar Villa Park gan gic o'r smotyn ac ergyd o bellter gan yr amddiffynnwr Tony Singleton.

Swansea Town – 1, Preston North End – 2 (FA Cup semi-final). Following their victories over Barrow, Sheffield United, Stoke City and Liverpool the Swans were one win away from Wembley. They were beaten in the Villa Park mud by a penalty and a long range shot by defender Tony Singleton.

13 MAWRTH/MARCH 1982

Lerpwl – 3, Tottenham Hotspur – 1 (Rownd Derfynol Cwpan Cynghrair Lloegr). Dyma ddechrau carwriaeth **Ian Rush** gyda sgorio mewn gemau terfynol yn Wembley. Gyda 119 munud ar y cloc (sef munud olaf yr amser ychwanegol) sgoriodd Ian drydedd gôl Lerpwl – ei gôl gyntaf yn y stadiwm.

*Liverpool – 3, Tottenham Hotspur – 1 (Football League Cup Final). With 119 minutes on the clock (i.e. the last minute of extra time) **Ian Rush** scored Liverpool's goal – his first goal at Wembley stadium. And so began his love affair with scoring in Wembley finals.*

14 MAWRTH/MARCH 1990

Ganed **Joe Allen** yng Nghaerfyrddin a'i fagu yn Arberth. Pan symudodd Joe o Abertawe i Lerpwl ym mis Awst 2012 am £15 miliwn roedd yn chwalu dwy record – y Cymro drutaf erioed a'r swm uchaf dderbyniodd Abertawe am chwaraewr. Joe yw'r glud yn nhîm Cymru meddai'r rheolwr Chris Coleman, a bu ei gyfraniad i'r llwyddiant yn Ewro 2016 yn enfawr. Cafodd Joe ei enwi gan UEFA yn seren y gêm yn erbyn Slofacia yn Bordeaux.

Joe Allen was born in Carmarthen and raised in Narberth. When Joe moved from Swansea City to Liverpool in August 2012 for £15 million he set two records – the most expensive Welshman and the highest fee received by Swansea. Joe is the glue in the Wales team said the national

Cefnogwyr Joe Allen *fans*

manager Chris Coleman, and his contribution to the success at Euro 2016 was immense. Joe was named by UEFA as man of the match at Wales v Slovakia in Bordeaux.

15 MAWRTH/MARCH 1920

Lloegr – 1, **Cymru** – 2: gêm ryngwladol olaf **Billy Meredith** oedd yn 45 oed, a'r unig dro mewn 20 gêm iddo brofi buddugoliaeth dros y Saeson. Cynhaliwyd y gêm yn Highbury, Llundain.

*England – 1, **Wales** – 2: 45 year old **Billy Meredith**'s last international match, and his only victory in 20 matches against England. The venue was Highbury, London.*

16 MAWRTH/MARCH 1939

Ganed **Kenny Morgans** yn Abertawe. Yn 18 oed Kenny oedd yr ieuengaf i oroesi y ddamwain awyren ym Munich, 6 Chwefror 1958, pan laddwyd 23 o bobl oedd yn dychwelyd o gêm Manchester United yn Belgrade. Bu farw yn 2012 yn 73 oed.

Kenny Morgans was born in Swansea. Aged 18 Kenny was the youngest survivor of the Munich air crash on 6 February 1958 which killed 23 people returning from Mancheser United's match in Belgrade. He died in 2012 aged 73.

17 MAWRTH/MARCH 1937

Cymru – 4, Iwerddon – 1. Roedd Cymru wedi curo Lloegr 2 – 1 ym mis Hydref 1936 a'r Alban 2 – 1 ym mis Rhagfyr. Felly sicrhaodd y fuddugoliaeth hon fod Cymru'n bencampwyr clir gwledydd Prydain gyda thair buddugoliaeth am yr eildro yn unig (a'r tro olaf hefyd). Dyma'r unig dro i Gymru ddal tlws y gystadleuaeth a gyflwynwyd yn 1935, Tlws Rhyngwladol Jiwbilî'r Brenin Siôr.

Wales – 4, Ireland – 1. Wales had beaten England 2 – 1 in October 1936 and Scotland 2 – 1 in December. With this victory Wales won the International Championship outright with three victories for only the second (and last) time. This was the only time Wales held the King George International Jubilee Trophy presented to the competition in 1935.

18 MAWRTH/MARCH 1981

Casnewydd – 0, Carl Zeiss Jena – 1 (Cwpan Enillwyr Cwpanau Ewrop, rownd yr wyth olaf, ail gymal). Roedd dwy gôl Tommy Tynan yn y cymal cyntaf yn Nwyrain yr Almaen, orffennodd 2 – 2, wedi rhoi gobaith i'r clwb o'r Drydedd Adran. Daeth y stori dylwyth teg i ben pan sgoriodd Lothar Kurbjuweit o gic rydd. Dim ond 11 mis yn ddiweddarach roedd Casnewydd yn diswyddo'r rheolwr Len Ashurst.

Newport County – 0, Carl Zeiss Jena – 1 (European Cup Winners Cup, quarter-final, second leg). Tommy Tynan's two goals in the first leg in East Germany had kept the tie alive at 2 – 2. The fairy tale ended for the Third Division club when Lothar Kurbjuweit scored from a free kick. Just 11 months later the County sacked their manager Len Ashurst.

19 MAWRTH/MARCH 1951

Ganed **Wyndham Evans** yn Llanelli. Chwaraeodd Wyndham 489 o gemau yng Nghynghrair Lloegr wrth i Abertawe ddringo o'r Bedwaredd Adran i'r Gyntaf. Roedd Wyndham nid yn unig yn amddiffynnwr caled ond hefyd yn amryddawn a ffyddlon, ac yn ffefryn mawr gyda'r cefnogwyr ar y Vetch.

Wyndham Evans was born in Llanelli. He made 489 Football League appearances during Swansea's journey through the four divisions. As well as being a hard defender Wyndham was versatile and loyal, and was a great favourite with the supporters at the Vetch.

20 MAWRTH/MARCH 1942

Ganed **Wyn Davies** yng Nghaernarfon. Wedi iddo fwrw ei brentisiaeth gyda Deiniolen, Llanberis, Caernarfon, Wrecsam a Bolton Wanderers symudodd Wyn i Newcastle United am £80,000 oedd yn record i'r clwb. Daeth Wyn yn arwr i'r Tŵn Armi wrth iddo chwarae rhan amlwg pan enillodd y Piod Gwpan Inter-Cities Fairs yn 1969. Enillodd Wyn 34 cap rhwng 1963 a 1973.

Wyn Davies was born in Caernarfon. Wyn learned his trade with Deiniolen, Llanberis, Caernarfon Town, Wrexham and Bolton Wanderers before moving to Newcastle United for a club record fee of £80,000. 'The Mighty Wyn' played a prominent role and became a Toon Army folk hero as the Magpies won the Inter-Cities Fairs Cup in 1969. Wyn won 34 caps between 1963 and 1973.

21 MAWRTH/MARCH 1887

Cymru – 0, Yr Alban – 2. Yn ennill ei gap cyntaf oedd **Jim Trainer** ddaeth i gael ei adnabod fel Tywysog y Gôl-geidwaid. Yn ystod ei gyfnod gyda Preston North End enillodd y clwb bencampwriaeth Cynghrair Lloegr yn 1889 (heb golli gêm) a 1890, a dod yn ail yn 1891, 1892 a 1893. Bu Jim farw'n dlawd yn 1915 yn 52 oed.

*Wales – 0, Scotland – 2. Winning his first cap was **Jim Trainer** who became known as the Prince of Goalkeepers. During his time at Preston North End the club won the Football League championship in 1889 (undefeated) and 1890, and were runners-up in 1891, 1892 and 1893. Jim died in poverty in 1915 aged 52.*

22 MAWRTH/MARCH 1949

Ganed **John Toshack** yng Nghaerdydd. Cafodd John yrfa lwyddiannus fel blaenwr gyda Chaerdydd a Lerpwl cyn cael ei benodi'n chwaraewr-reolwr Abertawe. Aeth John â'r Elyrch o'r Bedwaredd Adran i'r Gyntaf mewn 3½ tymor. Wedi iddo adael Abertawe bu John yn rheolwr llwyddiannus yn Sbaen, yn bennaf, cyn dychwelyd i reoli Cymru rhwng 2004 a 2010.

HEFYD, ar y dydd hwn yn 1997 ganed **Harry Wilson**.

John Toshack was born in Cardiff. John had a successful career as a forward with Cardiff City and Liverpool before he was appointed player-manager at Swansea City. John took the Swans from the Fourth Division to the First in 3½ seasons. After he left the Vetch he was a successful manager, mainly in Spain, before returning to manage Wales between 2004 and 2010.

*ALSO on ths day in 1997 **Harry Wilson** was born.*

23 MAWRTH/MARCH 1878

Yr Alban – 9, **Cymru** – 0. Hon oedd trydedd gêm ryngwladol Cymru – i gyd yn erbyn yr Alban – ac mae'r golled yn Glasgow yn dal yn record hyd heddiw (2018). Oherwydd trafferthion wrth godi tîm roedd wyth o dîm Cymru yn ennill eu capiau cyntaf.

*Scotland – 9, **Wales** – 0. This was Wales's third international match – all against the Scots – and the defeat in Glasgow remains (2018) Wales's worst defeat. Selection problems resulted in eight of the Wales team gaining their first caps.*

24 MAWRTH/MARCH 2013

Grimsby Town – 1, **Wrecsam** – 1 (Rownd derfynol Tlws (Carlsberg) Cymdeithas Bêl-droed Lloegr): ymweliad cyntaf Wrecsam â Wembley, a daeth eira i'w gwneud hi'n daith anodd i filoedd o gefnogwyr. Gorffennodd y gêm yn gyfartal 1 – 1 (wedi amser ychwanegol) ac fe enillodd y Dreigiau'r Tlws 4 – 1 ar giciau o'r smotyn.

*Grimsby Town – 1, **Wrexham** – 1 (FA Trophy (Carlsberg) Final): Wrexham's first visit to Wembley and snow couldn't stop thousands of supporters from* making the historic journey. The match finished 1 – 1 (after extra time) and the Dragons sealed victory by winning the dramatic penalty shoot-out 4 – 1.

25 MAWRTH/MARCH 1876

Yr Alban – 4, **Cymru** – 0: gêm ryngwladol gyntaf erioed Cymru, a wyliwyd gan dorf o 18,000. Dywedwyd nad oedd tîm Cymru y cryfaf posibl, stori a ailadroddwyd mor aml ers hynny.

*Scotland – 4, **Wales** – 0: Wales's first international match, attended by 18,000. It was said that Wales were not at full strength, a story repeated so often since then.*

26 MAWRTH/MARCH 1986

Gweriniaeth Iwerddon – 0, **Cymru** – 1. Cofir am y gêm hon am yr anaf i Neville Southall, gôl-geidwad Cymru, ar faes anwastad Lansdowne Road, Dulyn, a chroeso llugoer y dorf i reolwr newydd Iwerddon, Jack Charlton. Sgoriwyd gôl Cymru gan Ian Rush.

*Republic of Ireland – 0, **Wales** – 1. This match will be remembered for the injury to the Wales goalkeeper, Neville Southall, on the uneven pitch at Lansdowne Road, Dublin, and the lukewarm welcome given to Ireland's new manager, Jack Charlton. Ian Rush scored for Wales.*

27 MAWRTH/MARCH 1950

Ganed **Terry Yorath** yng Nghaerdydd. Cafodd Terry yrfa hir a llwyddiannus fel chwaraewr ac yna'n rheolwr nifer o glybiau yn ogystal â Chymru a Libanus. Roedd Terry yn arweinydd ysbrydoledig a bu'n gapten Cymru mewn 43 o'i 59 gêm rhyngwladol. Bu sawl digwyddiad trawmatig yn ei fywyd yn cynnwys marwolaeth ei fab Daniel yn 15 oed, a'r tân yn stadiwm Bradford City pan laddwyd 56 o gefnogwyr.

Terry Yorath was born in Cardiff and enjoyed a successful career as a player and then as manager of several clubs and Wales and Lebanon. He was an inspirational leader and captained Wales in 43 of his 59 appearances. Terry had a series of personal traumas including the death of his son Daniel aged 15 and the fire at Bradford City's stadium which killed 56 supporters.

28 MAWRTH/MARCH 2014

Israel – 0, **Cymru** – 3. Sicrhaodd goliau gan Aaron Ramsey a Gareth Bale (2) fod Cymru'n mynd i frig Grŵp B Ewro 2016. Roedd cefnogwyr Cymru'n dechrau credu fod cyrraedd y rowndiau terfynol yn Ffrainc yn bosibilrwydd pendant.

*Israel – 0, **Wales** – 3. Goals by Aaron Ramsey and Gareth Bale (2) took Wales to the top of Group B, Euro 2016. The fans started believing that reaching the finals in France was now a distinct possibility.*

29 MAWRTH/MARCH 2000

Cymru – 1, Y Ffindir – 2: gêm gyntaf Cymru yn Stadiwm y Mileniwm, Caerdydd. Roedd torf o 65,614 yn gwylio Nathan Blake yn sgorio'r gôl gyntaf – i'r Ffindir – a Ryan Giggs, yn chwarae ei gêm gyfeillgar gyntaf, yn sgorio gôl gyntaf Cymru yn y stadiwm newydd.

***Wales** – 1, Finland – 2: Wales's first match at the Millennium Stadium, Cardiff. 65,614 see Nathan Blake score the first goal – an own goal - and Ryan Giggs, making his first friendly international appearance, score Wales's first goal at the new stadium.*

30 MAWRTH/MARCH 1878

Wrecsam – 1, Derwyddon – 0 (Rownd derfynol **Cwpan Cymru**). Cynhaliwyd y rownd derfynol gyntaf hon ym Mharc Acton, Wrecsam, yr unig gêm bêl-droed o bwys i'w chynnal yno. Allai Cymdeithas Bêl-droed Cymru ddim fforddio cael cwpan tan y flwyddyn wedyn, a defnyddir y cwpan hwnnw hyd heddiw (2018). Dyma'r ail gwpan hynaf yn y byd pêl-droed. Yr un hynaf yw Cwpan yr Alban.

*Wrexham – 1, Druids – 0 (**Welsh Cup** Final). This first final was held at Acton Park, Wrexham, which did not stage any other major football matches. The Football Association of Wales could not afford a trophy until 1879, and that cup is still in use today (2018). The cup is the second oldest football trophy in the world, after the Scottish Cup.*

Terry Yorath

Cymru – 2, Gwlad Belg – 0. Dyma'r drydedd fuddugoliaeth gartref yn olynol i Gymru dros Wlad Belg. Dechreuodd Ryan Giggs gêm ryngwladol am y tro cyntaf ac fe sgoriodd o gic rydd wedi 18 munud. Sgoriodd Ian Rush yr ail gôl, ei 24ain, i dorri record Trevor Ford ac Ivor Allchurch. Yn ennill ei gap olaf oedd Kevin Ratcliffe ddywedodd wedyn 'Gallaf yn awr ddweud wrth fy wyrion a'm hwyresau imi chwarae yn yr un tîm â Ryan Giggs'.

Wales – 2, Belgium – 0. Wales recorded their third consecutive home victory over Belgium. Ryan Giggs started an international match for the first time and scored from a free kick after 18 minutes. Ian Rush scored the second goal, his 24th, to break the record held by Trevor Ford and Ivor Allchurch. Winning his last cap was Kevin Ratcliffe who said afterwards 'Now I can tell my grandchildren I have played with Ryan Giggs'.

EBRIL
APRIL

1 EBRILL/APRIL 1978

Abertawe – 8, Hartlepool United – 0   (Y Bedwaredd Adran): buddugoliaeth fwyaf Abertawe yng Nghynghrair Lloegr gydag Alan Curtis a Robbie James yn sgorio hatric yr un.

Swansea City – 8, Hartlepool United – 0   (Fourth Division): Swansea's record victory in the Football League. Alan Curtis and Robbie James both scored hat-tricks.

2 EBRILL/APRIL 1906

Cymru – 4, Iwerddon – 4. Credir mai'r ddwy funud o ffilm o'r gêm hon ar y Cae Ras, Wrecsam, yw'r hynaf sy'n dal i fodoli o gêm ryngwladol. Cynhyrchwyd y ffilm gan Sagar J Mitchell a James Kenyon ac fe'i cedwir yn Archif Genedlaethol Sgrin a Sain Cymru yn Aberystwyth.

Wales – 4, Ireland – 4. The two-minute film of this match at the Racecourse, Wrexham, is believed to be the oldest surviving footage of an international match. The match was filmed by Sagar J Mitchell and James Kenyon. The film is kept at the National Screen and Sound Archive of Wales in Aberystwyth.

3 EBRILL/APRIL 1945

Ganed **Gary Sprake** yn Abertawe. Gary oedd gôl-geidwad tîm disglair Leeds United dan Don Revie yn y 1960au. Wedi iddo golli ei le i David Harvey yn 1972 symudodd Gary i Birmingham City am £100,000 oedd yn record Brydeinig am gôl-geidwad. Enillodd Gary 37 cap rhwng 1963 a 1974. Bu farw yn 2016 yn 71 oed.

Gary Sprake was born in Swansea. Gary was the goalkeeper of Don Revie's star-studded Leeds United team of the 1960s. After he was displaced by David Harvey in 1972   Gary moved to Birmingham City for £100,000, a British record fee for a goalkeeper. He won 37 caps between 1963 and 1974. He died in 2016 aged 71.

4 EBRILL/APRIL 1944

Ganed **Ronnie Rees** yn Ystradgynlais. Roedd Ronnie'n aelod o dîm Coventry City enillodd ddyrchafiad o'r Drydedd Adran i'r Gyntaf dan Jimmy Hill. Symudodd ymlaen i West Bromwich Albion a Nottingham Forest cyn ymuno ag Abertawe yn y Drydedd Adran yn 1972 am £26,000 oedd yn record i'r Elyrch. Enillodd Ronnie 39 cap rhwng 1964 a 1971.

Ronnie Rees was born in Ystradgynlais. He was a member of Jimmy Hill's Coventry City team which won promotion from the Third Division to the First. He then played for West Bromwich Albion and Nottingham Forest before becoming Swansea City's record signing, £26,000, in 1972 (in the Third Division). Ronnie won 39 caps between 1964 and 1971.

5 EBRILL/APRIL 1975

Ganed **John Hartson** yn Abertawe. Chwaraeodd John i Luton Town, Arsenal, West Ham United, Wimbledon, Coventry City, Glasgow Celtic, West Bromwich Albion a Coventry City. Sgoriodd John 14 gôl mewn 51 gêm i Gymru rhwng 1995 a 2005. Bu John yn llwyddiannus pan frwydrodd yn ddewr i orchfygu canser y ceilliau.

John Hartson was born in Swansea. John played for Luton Town, Arsenal, West Ham United, Wimbledon, Coventry City, Glasgow Celtic, West Bromwich Albion and Coventry City, and he scored 14 goals in 51 international appearances between 1995 and 2005. John was successful when he bravely fought testicular cancer.

6 EBRILL/APRIL 1981

Ganed **Rob Earnshaw** yn Zambia. Sefydlodd Rob ddwy record i Gaerdydd yn nhymor 2002-03, sef 31 o goliau cynghrair, a 35 yn y gynghrair a'r cwpanau. Rob yw'r chwaraewr cyntaf i sgorio hatric i'w wlad ac i'w glybiau yn Uwchgynghrair Lloegr a'r tair adran arall, Cwpan FA Lloegr a Chwpan y Gynghrair. Sgoriodd Rob 16 gôl mewn 58 gêm i Gymru rhwng 2002 a 2012.

Rob Earnshaw

Rob Earnshaw was born in Zambia. Rob established two new records for Cardiff City in season 2002-03: 31 league goals and 35 league and cup goals. Rob was the first player to score hat-tricks in the Premiership and the three divisions of the Football League, the FA Cup, the League Cup and at international level. Rob scored 16 goals in 58 appearances for Wales between 2002 and 2012.

7 EBRILL/APRIL 2004

Cwmni teledu Sky yn sicrhau hawliau teledu gemau **Cymru**.

*Sky television company secures the rights to televise **Wales** matches.*

8 EBRILL/APRIL 1882

Derwyddon – 5, Northwich Victoria – 0 (Rownd Derfynol **Cwpan Cymru**). Y Derwyddon, y prif glwb ar y pryd, oedd y cyntaf i ennill Cwpan Cymru deirgwaith yn olynol. Chwaraeodd Billy Williams ym mhob un o'r rowndiau terfynol hynny ac fe enillodd y cwpan hefyd gyda'r Derwyddon yn 1885 a 1886.

*Druids – 5, Northwich Victoria – 0 (**Welsh Cup** Final). Druids, the leading club at the time, became the first to win the Welsh Cup three times in succession. Billy Williams played in the three finals and he also won the cup with Druids in 1885 and 1886.*

9 EBRILL/APRIL 1921

Cymru – 2, Iwerddon – 1: y gyntaf o 18 gêm ryngwladol ar y Vetch, Abertawe. Sgoriwyd y gôl gyntaf gan Billy Hole o glwb Abertawe oedd yn ennill y cyntaf o'i naw cap.

Wales – 2, Ireland – 1: this was the first of 18 international matches held at the Vetch, Swansea. The first goal was scored by Billy Hole of Swansea Town who was winning the first of nine caps.

10 EBRILL/APRIL 1930

Casnewydd – 10, Merthyr Town – 0 (Y Drydedd Adran – De): buddugoliaeth fwyaf Casnewydd yng Nghynghrair Lloegr gyda

Tudor Martin yn sgorio 5 gôl, oedd yn dal yn record i'r clwb yn 2018, fel yr oedd ei gyfanswm o 34 gôl gynghrair am y tymor. Y tymor hwnnw (1929-30) oedd tymor olaf Merthyr yng Nghynghrair Lloegr.

Newport County – 10, Merthyr Town – 0 (Third Division South): County's record victory in the Football League. Tudor Martin scored 5 goals which still stood as a club record in 2018, as did his total of 34 league goals for the season. That season (1929-30) was Merthyr Town's last in the Football League.

11 EBRILL/APRIL 1962

Cymru – 4, Gogledd Iwerddon – 0. Roedd llinell ganol gyfan yn ennill eu capiau cyntaf – Mal Lucas, Mike England a Terry Hennessey. Ond gêm Mel Charles oedd hon wrth iddo sgorio pedair gôl, y Cymro cyntaf i wneud hynny ers Jack Doughty yn 1888. Symudwyd y gêm hon o'r Vetch, Abertawe, i Barc Ninian, Caerdydd, oherwydd y frech wen.

Wales – 4, Northern Ireland – 0. The half back line of Mal Lucas, Mike England and Terry Hennessey were all winning their first caps. But this match belonged to Mel Charles who scored all four goals, the first Welshman to do so since Jack Doughty in 1888. The match had been moved from the Vetch, Swansea, to Ninian Park, Cardiff, becuse of an outbreakk of smallpox.

12 EBRILL/APRIL 1961

Gogledd Iwerddon – 1, **Cymru** – 5. Dychwelodd Mel Charles i'r tîm wedi iddo fethu saith gêm oherwydd anafiadau. Ac wedi dim ond 57 eiliad roedd Mel wedi sgorio o gic gornel.

HEFYD, ar y dydd hwn yn 1991 ganed **Jazz Richards**.

*Northern Ireland – 1, **Wales** – 5. Mel Charles returned after missing seven international matches through injury, and he scored from a corner kick after just 57 seconds.*

*ALSO, on this day in 1991 **Jazz Richards** was born.*

13 EBRILL/APRIL 1877

Ganed **Gren Morris** yn Llanfair-ym-Muallt. Sgoriodd Gren 9 gôl mewn 21 gêm i Gymru rhwng 1896 a 1912, gan ennill ei dri chap cyntaf pan oedd yn chwarae i Aberystwyth. Daeth Gren, 'Tywysog y Mewnwyr', yn un o chwaraewyr chwedlonol Nottingham Forest ac roedd ei 199 o goliau cynghrair yn dal yn record i'r clwb yn 2018. Bu farw yn 1959 yn 82 oed.

Gren Morris was born in Builth Wells. Gren scored 9 goals in 21 international appearances between 1896 a 1912, winning his first three caps when he played for Aberystwyth Town. Gren, the 'Prince of Inside-forwards', became one of Nottingham Forest's all-time legends and his 199 league goals remain a club record in 2018. He died in 1959 aged 82.

14 EBRILL/APRIL 1945

Caerdydd – 2, Bristol City – 2 (Cwpan Cynghrair Lloegr [Gogledd], ail rownd, ail gymal). Gêm gwpan yn ystod amser rhyfel oedd hon a'r hyn oedd yn arbennig amdani oedd iddi bara 202 munud. Ar ddiwedd y 90 munud arferol roedd y ddau dîm yn gyfartal 2 – 2 ar gyfanswm goliau dros y ddau gymal. Yn ôl rheolau'r gystadleuaeth roedd y chwarae i barhau nes y byddai gôl arall yn cael ei sgorio. Am 6.40 y nos, fe sgoriodd Billy Rees y gôl hollbwysig i Gaerdydd.

Cardiff City – 2, Bristol City – 2 (Football League Cup [North], second round, second leg). This was a wartime cup-tie notable because it finished after 202 minutes of playing time. At the end of 90 minutes the two teams were level 2 – 2 on aggregate. According to the rules of the competition play was to continue until a deciding goal was scored. At 6.40pm, Billy Rees scored the deciding goal for Cardiff City.

15 EBRILL/APRIL 1964

Cymru – 2, Gogledd Iwerddon – 3. Yn absenoldeb nifer o hen wynebau enillodd pedwar Cymro eu capiau cyntaf – Roy Evans, Mike Johnson, Ron Davies a Brian Godfrey. Sgoriwyd goliau Cymru gan Davies a Godfrey. Yn ennill eu capiau cyntaf i Ogledd Iwerddon oedd George Best a Pat Jennings.

Wales – 2, *Northern Ireland* – 3. *In the absence of several experienced players four Welshmen won their first caps – Roy Evans, Mike Johnson, Ron Davies and Brian Godfrey. Davies and Godfrey scored for Wales. Winning their first caps for Northern Ireland were George Best and Pat Jennings.*

16 EBRILL/APRIL 1975

Hwngari – 1, **Cymru** – 2. Aeth y fuddugoliaeth syfrdanol hon â Chymru i frig Grŵp 2, Pencampwriaeth Ewrop 1976. Hon oedd gêm gyntaf Dai Davies yn y gôl i Gymru, y gêm gystadleuol gyntaf i Hwngari ei cholli gartref am 30 mlynedd, a'r tro cyntaf i un o wledydd Prydain ennill yno ers 1909. Sgoriwyd y goliau gan John Toshack, oedd wedi methu cic o'r smotyn yn gynharach, a John Mahoney.

*Hungary – 1, **Wales** – 2. With goalkeeper Dai Davies winning his first cap this sensational win took Wales to the top of Group 2, European Championship 1976. Hungary had not been beaten at home in a competitive match for 30 years and it was their first home defeat to one of the British nations since 1909. The goals were scored by John Toshack, who had earlier missed a penalty, and John Mahoney.*

17 EBRILL/APRIL 2012

Caerdydd – 2, Derby County – 0 (Y Bencampwriaeth). Sgoriwyd gôl ryfeddol gan Mark Hudson, capten ac amddiffynnwr canol Caerdydd. Teithiodd y bêl 68 llath o hanner Caerdydd y cae a glanio yng nghefn y rhwyd, sef 12 llath yn bellach na gôl enwog David Beckham i Manchester United yn erbyn Wimbledon yn 1996. Cyfaddefodd Hudson iddo wylio'r gôl honno ar y teledu yn gynharach yn y dydd.

Cardiff City – 2, Derby County – 0 (Championship). An extraordinary goal was scored by Mark Hudson, Cardiff City's captain and centre-back. Hudson struck the ball from his own half, a distance of 68 yards – 12 yards further than David Beckham's wonder goal for Manchester United against Wimbledon in 1996. Hudson revealed that he had watched Beckham's goal on television earlier that day.

18 EBRILL/APRIL 1920

Ganed **Roy Paul** yn Gelli Pentre. Yn 1956 Roy oedd y Cymro cyntaf i godi Cwpan FA Lloegr ers Fred Keenor i Gaerdydd yn 1927. Roedd Manchester City newydd guro Birmingham City 3 – 1. Enillodd Roy 33 cap rhwng 1948 a 1956. Bu farw yn 2002 yn 82 oed.

Roy Paul was born in Gelli Pentre. In 1956 Roy was the first Welshman since Fred Keenor of Cardiff City in 1927 to lift the FA Cup. Manchester City had just beaten Birmingham City 3 – 1. Roy won 33 caps between 1948 and 1956. He died in 2002 aged 82.

19 EBRILL/APRIL 1957

'Ymadawiad y Brenin' oedd pennawd *Y Cymro* wrth adrodd am yr hyn ddigwyddodd mewn gwesty yn Leeds heddiw, Dydd Gwener y Groglith. Cytunodd Leeds United i werthu eu seren **John Charles** i glwb Juventus o'r Eidal am oddeutu £65,000 a byddai John yn derbyn £10,000.

*'The greatest transfer ever' – that's how the Daily Post reported on what happened in a hotel in Leeds today, Good Friday. Leeds United had agreed to sell their star player **John Charles** to the Italian club Juventus for about £65,000 and John would receive £10,000.*

20 EBRILL/APRIL 1955

Gogledd Iwerddon – 2, **Cymru** – 3. Roedd yn ddigwyddiad hanesyddol ar Barc Windsor, Belfast, wrth i dîm Cymru gynnwys y ddau frawd Charles, John a Mel, a'r ddau frawd Allchurch, Ivor a Len. Roedd Mel a Len yn ennill eu capiau cyntaf, ac fe sgoriwyd hatric gan John.

*Northern Ireland – 2, **Wales** – 3. History was created at Windsor Park, Belfast, when Wales included two sets of brothers - John and Mel Charles, and Ivor and Len Allchurch. Mel and Len were winning their first caps, and John scored a hat-trick.*

21 EBRILL/APRIL 1986

Cymru – 0, Wrwgwái – 0. Wrwgwái oedd pencampwyr De America a'u chwaraewr amlycaf oedd Enzo Francescoli, Chwaraewr y Flwyddyn De America yn 1984. Gyda'r mwd yn drwch ar y Cae Ras, Wrecsam, a Joey Jones a Kevin Ratcliffe yn ardderchog fel amddiffynwyr canol, prin oedd y cyfleon i'r ymwelwyr disglair ddangos eu doniau.

Wales – 0, Uruguay – 0. Uruguay came to the Racecourse, Wrexham, as South American champions. The jewel in their crown was Enzo Francescoli, South American Player of the Year in 1984. On a quagmire pitch, and with Joey Jones and Kevin Ratcliffe outstanding at centre-back, the visitors' chances were limited.

22 EBRILL/APRIL 1978

Wrecsam – 7, Rotherham United – 1 (Y Drydedd Adran). Efallai'r diwrnod pwysicaf yn hanes clwb Wrecsam wrth i'r freuddwyd o ennill dyrchafiad i'r Ail Adran am y tro cyntaf erioed ddod yn wir. Roedd hi'n 5 – 0 wedi 34 munud ac fe drodd y gôl-geidwad Dai Davies ei gefn ar y chwarae er mwyn arwain côr y Kop!

Wrecsam

Wrexham – 7, Rotherham United – 1 (Third Division). Perhaps the greatest day in Wrexham's history as the dream of winning promotion to the Second Division for the first time became reality. With the score 5 – 0 after 34 minutes goalkeeper Dai Davies turned his back on the play and conducted the Kop choir!

23 EBRILL/APRIL 1927

Caerdydd – 1, Arsenal – 0 (Rownd Derfynol Cwpan FA Lloegr). Digwyddodd tri pheth am y tro cyntaf – canwyd 'Abide with me', darlledwyd sylwebaeth o'r gêm ar y radio, ac aeth y cwpan allan o Loegr. Sgoriwyd yr unig gôl wedi 74 munud pan lithrodd ergyd Hughie Ferguson dan gorff gôl-geidwad Arsenal, Dan Lewis o'r Rhondda. Amcangyfrifwyd fod 150,000 o bobl ym Mharc Cathays ddeuddydd yn ddiweddarach ar gyfer y croeso dinesig i Fred Keenor a'r tîm.

Cardiff City– 1, Arsenal – 0 (FA Cup final): three firsts - 'Abide with me' was sung before the match, a commentary was broadcast on radio, and the cup left England. The only goal was scored after 74 minutes when Hughie Ferguson's shot slipped under Arsenal's goalkeeper, Dan Lewis from Rhondda. It was estimated that 150,000 were present in Cathays Park two days later to greet Fred Keenor and his team at the civic reception.

24 EBRILL/APRIL 1994

Huddersfield Town – 1, **Abertawe** – 1 (Rownd Derfynol Tlws Cynghrair Lloegr [Autoglass]). Frank Burrows oedd y rheolwr cyntaf i arwain yr Elyrch i'r maes yn Wembley. Wedi amser ychwanegol roedd y sgôr yn 1 - 1, felly ciciau o'r smotyn amdani ac fe enillodd Abertawe 3 – 1. Seren y gêm oedd John Cornforth, capten Abertawe.

HEFYD, ar y dydd hwn yn 1993 ganed *Ben Davies.*

Huddersfield Town – 1, Swansea City– 1 (Football League Trophy [Autoglass] Final). Frank Burrows became the first Swansea manager to lead out the Swans at Wembley. After extra time the score was 1 -1, so a penalty shoot-out followed with Swansea the winners 3 – 1. John Cornforth, Swansea's captain, was named man of the match.

ALSO, on this day in 1993 Ben Davies was born.

25 EBRILL/APRIL 1978

Yn 47 oed bu farw **Harry Griffiths** wrth ei waith yn ei annwyl Vetch, Abertawe. Heblaw am ei wasanaeth milwrol, a chyfnod byr yn rheolwr clwb Merthyr Tudful, bu Harry'n rhan annatod o glwb Abertawe o 1949 hyd ei farwolaeth. Enillodd Harry ei unig gap fel asgellwr chwith ond dywedodd ei hun iddo chwarae i'r clwb mewn naw safle gwahanol.

Harry Griffiths died aged 47, at work at his beloved Vetch, Swansea. Apart from his military service, and a brief stint as manager of Merthyr Tydfil, Harry was a fixture at Swansea Town/City from 1949 until his death. Harry won his only cap as a left winger but he said that he had played for the club in nine different positions.

26 EBRILL/APRIL 2008

Wrecsam - 1, Accrington Stanley – 3 (Adran 2). Wedi 87 mlynedd ffarweliodd Wrecsam â Chynghrair Lloegr. Yr hoelen olaf yn yr arch oedd y gêm yn Henffordd ar 22 Ebrill gollwyd 2 – 0. Sgoriwyd gôl olaf Wrecsam ar y Cae Ras o'r smotyn wedi 90 munud gan yr arwr lleol Neil Roberts.

Wrexham – 1, Accrington Stanley – 3 (Division 2). After 87 years Wrexham said farewell to the Football League. The final nail in the coffin was the 2 – 0 defeat at Hereford on 22 April. Wrexham's last goal at the Racecourse was scored by local hero Neil Roberts from a 90th minute penalty.

27 EBRILL/APRIL 1946

Derby County – 4, Charlton Athletic – 1 (Rownd Derfynol Cwpan FA Lloegr): y rownd derfynol gyntaf pan fyrstiodd y bel yn ystod y chwarae, a phan sgoriodd chwaraewr i'r ddau dîm. Y gŵr hwnnw oedd **Bert Turner** (Charlton) a sgoriodd i'w gôl ei hun ac yna munud yn ddiweddarach fe sgoriodd o gic rydd. Enillodd Bert 8 cap rhwng 1936 a 1939. Bu farw yn 1981 yn 71 oed.

*Derby County – 4, Charlton Athletic – 1 (FA Cup Final): the first final where the ball burst during play and when a player scored for both sides. That man was **Bert Turner** (Charlton) who scored an own goal and then a minute later made amends from a free kick. Bert won 8 caps between 1936 and 1939. He died in 1981 aged 71.*

28 EBRILL/APRIL 1923

Bolton Wanderers – 2, West Ham United – 0 (Rownd Derfynol Cwpan FA Lloegr): y rownd derfynol gyntaf yn Wembley. Un o sêr Bolton oedd yr asgellwr chwith **Ted Vizard** enillodd ail fedal yn 1926. Chwaraeodd Ted 22 o weithiau i Gymru rhwng 1911 a 1926 a bu'n rheolwr llwyddiannus ar Swindon Town, Queen's Park Rangers a Wolverhampton Wanderers – gwir seren ei gyfnod. Bu farw yn 1973 yn 84 oed.

*Bolton Wanderers – 2, West Ham United – 0 (FA Cup Final): the first final at Wembley stadium. One of Bolton's stars was left-winger **Ted Vizard** who won a second medal in 1926. He won 22 caps between 1911 and 1926 and was a successful manager with Swindon Town, Queen's Park Rangers and Wolverhampton Wanderers – a true great of his era. He died in 1973 aged 84.*

29 EBRILL/APRIL 1992

Awstria – 1, Cymru – 1. Collodd y rheolwr Terry Yorath wyth aelod o'i garfan oherwydd eu bod yn chwarae i'w clybiau. Un o'r rhai gymerodd eu lle oedd **Chris Coleman** a enillodd ei gap cyntaf fel eilydd wedi 59 munud. Wedi 83 munud daeth Chris â Chymru'n gyfartal – gôl yn ei gêm gyntaf.

*Austria – 1, Wales – 1. Because of club commitments manager Terry Yorath lost eight members of his squad. One of the replacements was **Chris Coleman** who won his first cap as a 59th minute substitute. On 83 minutes Chris scored the equalizer on his debut.*

30 EBRILL/APRIL 1956

Caerdydd – 3, Abertawe – 2 (Rownd Derfynol **Cwpan Cymru**). Roedd 37,500 yn bresennol ar Barc Ninian, sy'n dal yn record ar gyfer y rownd derfynol. Y ddau gapten oedd Trevor Ford ac Ivor Allchurch, dau o fawrion pêl-droed Cymru, ac yn dyfarnu ei gêm fawr olaf roedd Mervyn Griffiths, dyfarnwr enwocaf Cymru. Hwn oedd y tro cyntaf ers 1930 i Gaerdydd ennill y cwpan.

Cardiff City – 3, *Swansea Town* – 2 (**Welsh Cup** *Final*).*The attendance of 37,500 at Ninian Park remains a record for the final. The two captains were Trevor Ford and Ivor Allchurch, two Welsh football greats, and taking charge of his last major match was Mervyn Griffiths, Wales's most famous referee. This was Cardiff's first success in the cup since 1930.*

Llun: Phil Stead

MAI
MAY

1 MAI/MAY 1943

Ganed **Trevor Hockey** yn Keighley, yn fab i chwaraewr rygbi oedd wedi symud i Swydd Efrog. Trevor oedd y cyntaf o'r Cymry newydd chwaraeodd i hen wlad eu tadau pan gyflwynwyd y rheol ynghylch hynny yn 1971. Bu farw yn 1987 yn 43 oed, yn ei git pêl-droed wedi gêm 5–bob-ochr.

Trevor Hockey was born in Keighley, the son of a rugby player who had moved to Yorkshire, and he became the first 'Anglo' to play for the land of his father when that rule was introduced in 1971. He died in 1987 aged 43, in his football kit after a 5-a-side match.

2 MAI/MAY 1981

Preston North End – 1, **Abertawe** – 3 (Yr Ail Adran). Roedd Preston yn ymladd i gadw eu lle yn yr adran ond byddai buddugoliaeth i'r Elyrch yn golygu dyrchafiad i'r Adran Gyntaf am y tro cyntaf. Sgoriwyd y goliau gan Leighton James, Tommy Craig a Jeremy Charles. Roedd miloedd o gefnogwyr wrth y Vetch am 2 o'r gloch fore trannoeth i gyfarch eu harwyr wrth iddynt gyrraedd gartref.

*Preston North End – 1, **Swansea City** – 3 (Second Division). Preston were battling to avoid relegation while Swansea needed a victory to win promotion to the First Division for the first time. The goals were scored by Leighton James, Tommy Craig and Jeremy Charles. That night thousands of supporters were at the Vetch at 2 am to greet the return of their heroes.*

3 MAI/MAY 2003

Abertawe – 4, Hull City – 2 (Y Drydedd Adran). Yn ôl llawer o gefnogwyr Abertawe dyma'r gêm bwysicaf yn holl hanes eu clwb. Roedd yn rhaid i'r Elyrch ennill gêm ola'r tymor i sicrhau eu lle yng Nghynghrair Lloegr. Arwr y dydd oedd y bachgen lleol James Thomas, sgoriodd hatric, gyda Lenny Johnrose yn sgorio'r gôl arall.

Swansea City – 4, Hull City – 2 (Third Division). To many Swansea fans this was the most important game in the history of their club. The Swans had to win the last match of the season to secure survival in the Football League. Their hero was local boy James Thomas, with a hat-trick. The other goal was scored by Lenny Johnrose.

4 MAI/MAY 1935

Am yr ail dymor yn olynol cynhaliwyd ffeinal **Cwpan Cymru** yn Lloegr, ac roedd y timau hefyd o Loegr wrth i Tranmere Rovers guro Caer 1-0 ar faes Sealand Road, Caer.

*For the second successive season the **Welsh Cup** final was an all-English event as Tranmere Rovers beat Chester 1-0 at Sealand Road, Chester.*

5 MAI/MAY 2013

Wrecsam – 0, Casnewydd – 2 (Rownd Derfynol gemau ail chwarae'r Gyngres [Blue Square Premier] yn Wembley). Sicrhaodd goliau gan Christian Jolley (86 munud) ac Aaron O'Connor (90 + 4) ddyrchafiad Casnewydd i Gynghrair Lloegr, 25 mlynedd wedi i'r clwb gwreiddiol ddod i ben.

***Wrexham** – 0, Newport County – 2 (Conference [Blue Square Premier] play-off final at Wembley). Goals by Christian Jolley (86 minutes) and Aaron O'Connor (90 + 4) took Newport back into the Football League, 25 years after the demise of the original club.*

6 MAI/MAY 1976

Yr Alban – 3, **Cymru** – 1. Gyda'r gêm fawr yn erbyn Iwgoslafia ar y gorwel (gweler 22 Mai) penderfynodd y rheolwr Mike Smith orffwys saith chwaraewr, amryw ohonynt wedi chwarae i'w clybiau ychydig ddyddiau'n gynharach. Cyfaddefodd Smith iddo gamblo a cholli.

*Scotland – 3, **Wales** – 1. With the big match against Yugoslavia on the horizon (see 22 May) manager Mike Smith rested seven players, several having played for their clubs a few days earlier. Smith admitted that his gamble had rebounded a little.*

7 MAI/MAY 1988

Casnewydd – 0, Rochdale – 1 (Y Bedwaredd Adran): y gêm olaf ar Barc Somerton yng Nghynghrair Lloegr wrth i Gasnewydd orffen yn y safle olaf un gyda gwahaniaeth goliau o –70.

Newport County – 0, Rochdale – 1 (Fourth Division): the last Football League match at Somerton Park. The County finished at the foot of the table with a goal difference of –70.

8 MAI/MAY 2013

John Charles yw'r unig bêl-droediwr o Gymru i gael ei anfarwoli ar stamp gan y Post Brenhinol. Cyhoeddwyd cyfres o 11 stamp i nodi 150 mlynedd ers creu rheolau pêl-droed.

John Charles became the only Welsh footballer to be immortalised on a postage stamp by the Royal Mail. The set of 11 stamps marked the 150th anniversary of association football rules being established.

9 MAI/MAY 1954

Awstria – 2, **Cymru** – 0. Enillodd pedwar chwaraewr eu capiau cyntaf – Bill Harris, Cliff Jones, Derek Tapscott a Stuart Williams, yn y gyntaf o bedair gêm i Walley Barnes fod yng ngofal y tîm.

Austria – 2, **Wales** – 0. Four players made their debut – Bill Harris, Cliff Jones, Derek Tapscott and Stuart Williams, in the first of four matches with Walley Barnes in charge of the team.

10 MAI/MAY 1947

Prydain Fawr – 6, Gweddill Ewrop – 1. Roedd 137,000 o bobl ym Mharc Hampden, Glasgow, i wylio gêm i ddathlu fod gwledydd Prydain wedi ailymuno â FIFA. Roedd dau Gymro yn y tîm 'cartref' (oedd yn gwisgo crysau glas), sef y cefnwr chwith **Billy Hughes** a'r hanerwr chwith **Ron Burgess.**

Great Britain – 6, Rest of Europe – 1. 137,000 people were at Hampden Park,

Glasgow, to witness a match to celebrate the return of the home nations to membership of FIFA. Two Welshmen featured in the 'home' team (who wore blue shirts) - **Billy Hughes**, left back, and **Ron Burgess**, left half.

11 MAI/MAY 2005

Abertawe – 2, Wrecsam – 1 (Rownd Derfynol Cwpan yr FAW): y gêm olaf ar y Vetch, a daeth 93 mlynedd o hanes i ben mewn steil wrth i'r Elyrch godi'r cwpan hwn am y tro cyntaf. Sgoriwyd y gôl fuddugol gan Andy Robinson.

Swansea City – 2, Wrexham – 1 (FAW Premier Cup final): the last match at the Vetch, and the Swans closed the door on 93 years of history in style. Andy Robinson scored the winner, the first time Swansea had won this cup.

12 MAI/MAY 1984

Northwich Victoria – 1, **Bangor** – 1 (Rownd Derfynol Tlws Her FA Lloegr). Bangor oedd y clwb cyntaf o Gymru ers Caerdydd yn 1927 i chwarae yn Wembley. Sgoriwyd gôl Bangor gan Paul Whelan. Yn y gêm ail chwarae ar faes Stoke City collodd Bangor 2 – 1 gyda Phil Lunn yn sgorio gôl Bangor.

*Northwich Victoria – 1, **Bangor City** – 1 (FA Challenge Trophy Final). Bangor became the first Welsh club to play at Wembley since Cardiff City in 1927. Paul Whelan scored for Bangor. The replay at Stoke City's ground saw Northwich winning 2 – 1 with Phil Lunn scoring for Bangor.*

13 MAI/MAY 1973

Cymru – 2, Gweriniaeth Iwerddon – 3: gêm swyddogol gyntaf tîm merched Cymru, ar Barc Stebonheath, Llanelli. Sgoriwyd goliau Cymru gan Gaynor Blackwell a Gloria Connell. Roedd y Gwyddelod eisoes wedi chwarae un gêm yn erbyn Yr Alban ym mis Ebrill.

Wales – 2, Republic of Ireland – 3: Welsh women's first official international match, at Stebonheath Park, Llanelli. Wales's goalscorers were Gaynor Blackwell and Gloria Connell. The Irish team had played its first match against Scotland in April.

14 MAI/MAY 2002

Cymru – 1, Yr Almaen – 0. 11 mlynedd wedi i Ian Rush sgorio'r gôl fuddugol yn erbyn yr Almaen (gweler 5 Mehefin) llwyddodd Robert Earnshaw i gyflawni'r un gamp. Roedd Rob yn ennill ei gap cyntaf ac fe sgoriodd ei gôl 15 eiliad wedi'r egwyl. Ym munud ola'r gêm aeth Chris Coleman ymlaen i ffarwelio â'r maes rhyngwladol (fel chwaraewr).

Wales – 1, Germany – 0. 11 years after Ian Rush scored the goal that defeated the Germans (see 5 June), Robert Earnshaw repeated the feat. He scored his goal on his debut, 15 seconds into the second half. In the last minute of play Chris Coleman made his farewell international appearance (as a player).

15 MAI/MAY 1949

Portiwgal – 3, **Cymru** – 2. Mentrodd Cymru ar daith haf am y tro cyntaf, gydag ymweliadau â Gwlad Belg a'r Swistir yn dilyn y gêm hon yn Lisbon, ac fe gollwyd y tair gêm. Ac am y tro cyntaf bu'n rhaid cael ail grys. Dewiswyd melyn gyda choleri gwyrdd.

Portugal – 3, Wales – 2. This match in Lisbon was the first on Wales's first summer tour. Defeats followed in Belgium and Switzerland. For the first time Wales were required to create an away kit which comprised yellow shirts with green collars.

16 MAI/MAY 1962

Brasil – 3, **Cymru** – 1. Dyma'r ail o ddwy gêm yn Brasil, ar wahoddiad enillwyr Cwpan y Byd 1958, wrth iddynt baratoi ar gyfer rowndiau terfynol 1962. Daeth gyrfa'r gôl-geidwad Jack Kelsey i ben yn y gêm hon wedi iddo gael ei anafu. Sgoriwyd gôl wych gan Ken Leek cyn i Pelé sgorio dwy gôl hwyr.

Brazil – 3, Wales – 1. This was the second of two matches as sparring partners for Brazil preparing for World Cup 1962, on the invitation of the 1958 winners. Goalkeeper Jack Kelsey's career came to an end during this match following an injury. Ken Leek scored a great goal before Pelé scored two late goals.

17 MAI/MAY 1980

Cymru – 4, Lloegr – 1. Allai Mike England ddim fod wedi breuddwydio am fuddugoliaeth ysgubol fel hon i ddechrau ei yrfa yn rheolwr Cymru. Roedd Leighton James ar dân yn yr haul ar y Cae Ras, Wrecsam, yn creu'r gôl gyntaf i Mickey Thomas, yr ail i Ian Walsh, ac yna'n sgorio'r drydedd ei hunan. Sgoriwyd y bedwaredd gan Thompson trwy ei rwyd ei hun.

Wales – 4, England – 1. What a dream start for new manager Mike England at a sunny Racecourse, Wrexham! The opposition were given a goal start but they had no answer to the brilliant Leighton James. He created the first goal for Mickey Thomas, the second for Ian Walsh, and then scored the third himself. The fourth was an own goal by Thompson.

18 MAI/MAY 1962

Ganed **Barry Horne** yn Llanelwy. Enillodd Barry radd dosbarth cyntaf mewn cemeg cyn ymuno â Wrecsam fel pêl-droediwr proffesiynol. Fel chwaraewr canol y cae roedd Barry yn daclwr ffyrnig wrth ennill y bêl. Bu'n gapten uchel ei barch ar Gymru mewn 33 o'i 59 gêm ryngwladol, ac wedi iddo ymddeol bu'n Gadeirydd Cymdeithas y Pêl-droedwyr Proffesiynol ac yn un o gyfarwyddwyr clwb Wrecsam.

Barry Horne was born in St Asaph. He gained a first-class honours degree in chemistry before signing for Wrexham as a professional footballer. A midfield ball-winner with a ferocious tackle he was a highly respected captain of Wales on 33 of his 59 appearances. After he retired he became Chairman of the Professional Footballers' Association and a director of Wrexham Football Club.

19 MAI/MAY 1979

Cymru – 3, Yr Alban – 0. Dychwelodd John Toshack, bellach yn chwaraewr-rheolwr Abertawe, i Barc Ninian, Caerdydd, ac fe sgoriodd ei unig hatric rhyngwladol, a hwnnw'n un perffaith – troed dde, troed chwith a pheniad.

Wales – 3, Scotland – 0. John Toshack, by now player-manager at Swansea City, returned to Ninian Park, Cardiff, and scored his only international hat-trick. And it was a perfect one – right foot, left foot and a header.

20 MAI/MAY 1990

Cymru – 1, Costa Rica – 0. Ar brynhawn Sul ym Mharc Ninian, Caerdydd, cyflwynwyd hambwrdd arian i Ivor Allchurch, 14 mlynedd wedi ei gêm olaf i Gymru. Enillodd Paul Bodin, Gary Speed ac Eric Young eu capiau cyntaf.

Wales – 1, Costa Rica – 0. On a Sunday afternoon at Ninian Park, Cardiff, a silver salver was presented to Ivor Allchurch, 14 years after his last international appearance. Paul Bodin, Gary Speed and Eric Young made their debut.

21 MAI/MAY 1989

Ganed **Hal Robson–Kanu** yn Acton. Bu Hal ar lyfrau Reading o 2007 hyd 2016 pan ymunodd â West Bromwich Albion. Sefydlodd ei hun yng ngharfan Cymru ar ddechrau tymor 2011-12 ac erbyn gemau rhagbrofol Ewro 2016 cafodd ei anthem ei hun gan y cefnogwyr – 'Hal! Robson! Hal Robson–Kanu!' Yn Ffrainc gôl Hal enillodd y gêm yn erbyn Slofacia, ac yna daeth y tro Cruyff yna a'r gôl ryfeddol yn erbyn Gwlad Belg ddyfarnwyd gan UEFA yn gôl y rownd.

Hal Robson–Kanu was born in Acton. Hal was on Reading's books from 2007 until 2016 when he moved to West Bromwich Albion. He established himself in the Wales squad at the beginning of the 2011-12 season and by the Euro 2016 qualifiers the fans had given him his own anthem – 'Hal! Robson! Hal Robson–Kanu!' In France Hal scored the winner against Slovakia, and then came that Cruyff turn and wonder goal against Belgium which was selected by UEFA as goal of the round.

22 MAI/MAY 1976

Cymru – 1, Iwgoslafia – 1 (Pencampwriaeth Ewrop, rownd yr 8 olaf, ail gymal). Collodd Cymru'r cymal cyntaf yn Zagreb ar 24 Ebrill 2 – 0, yn ildio'r gôl gyntaf wedi dim ond 45 eiliad. Y dihiryn mwyaf yn ystod prynhawn hyll ar Barc Ninian oedd y dyfarnwr Herr Rudi

John Toshack

Glockner o Ddwyrain yr Almaen wnaeth nifer o benderfyniadau hollol hurt. I goroni'r cyfan roedd cic Terry Yorath, capten Cymru, o'r smotyn wedi 85 munud yn un o'r rhai mwyaf truenus a welwyd.

Wales – 1, Yugoslavia – 1 (European Championship, quarter-final, second leg). Wales had lost the first leg in Zagreb on 24 April 2 – 0, conceding the first goal after just 45 seconds. The biggest villain during a disgraceful afternoon at Ninian Park was the East German referee Herr Rudi Glockner who made a number of inexplicable decisions. Wales captain Terry Yorath's 85th minute penalty kick was one of the poorest ever seen.

23 MAI/MAY 1979

Lloegr – 0, **Cymru** – 0. Yn dilyn protest y chwaraewyr dan arweiniad Terry Yorath yn 1977, clywyd 'Hen Wlad Fy Nhadau' am y tro cyntaf yn Wembley. Unwaith eto bu Yorath yn arweinydd ardderchog yng nghanol y cae wrth i'r un ar ddeg oedd wedi curo'r Alban 3 – 0 gadw eu lle ar frig tabl gwledydd Prydain.

*England – 0, **Wales** – 0. Following the players' protest led by Terry Yorath in 1977, 'Hen Wlad Fy Nhadau' was heard for the first time at Wembley. Again, Yorath proved to be a fine leader with an inspirational performance in midfield as the eleven who had beaten Scotland 3 – 0 kept their place at the top of the British championship table.*

24 MAI/MAY 2013

Bu farw **Ron Davies** yn New Mexico, UDA, y diwrnod cyn ei benblwydd yn 71 oed. Bu Ron yn sgoriwr toreithiog gyda Chaer, Luton Town, Norwich City, Southampton a Portsmouth, ac yn brif sgoriwr yr Adran Gyntaf yn 1966-67 a 1967-68. Yn 2018 roedd Ron yn dal i fod y Cymro oedd wedi sgorio y mwyaf o goliau cynghrair gyda 275 gôl. Sgoriodd Ron 9 gôl mewn 29 o gemau i Gymru.

***Ron Davies** died in New Mexico, USA, the day before his 71st birthday. He was a prolific goalscorer with Chester, Luton Town, Norwich City, Southampton and Portsmouth, and was the top scorer in the First Division in 1966-67 and 1967-68. In 2018 he was still the leading Welsh goalscorer with 275 league goals. He scored 9 goals in 29 appearances for Wales.*

25 MAI/MAY 1933

Ffrainc – 1, **Cymru** – 1: Gêm gyntaf Cymru y tu allan i wledydd Prydain, yn Stade Yves-du-Manoir, Colombes, Paris, ac fe aeth Cymru yno fel pencampwyr gwledydd Prydain. Sgoriwyd gôl Cymru wedi 57 munud gan y capten Tommy Griffiths. Daeth y tîm cartref yn gyfartal wedi 78 munud.

*France – 1, **Wales** – 1: Wales's first ever match outside the British isles was played at Stade Yves-du-Manoir, Colombes, Paris. Wales made the journey as reigning British international champions and went ahead after 57 minutes through captain Tommy Griffiths. France equalized on 78 minutes.*

26 MAI/MAY 2003

Unol Daleithau America – 2, **Cymru** – 0. Daeth rhediad Cymru o 10 gêm yn ddiguro i ben yng nghartref y San Jose Earthquakes.

Methodd 19 o chwaraewyr deithio i wynebu'r wlad oedd yn 10fed yn rhestr detholion FIFA. Roedd yn gêm hunllefus i Matthew Jones a ildiodd gic o'r smotyn, ac yn ddiweddarach cafodd ei anfon o'r maes.

*United States of America – 2, **Wales** – 0. Wales's 10 match unbeaten run came to an end at the home of the San Jose Earthquakes. 19 players were not available to oppose the country in 10th place in the FIFA rankings. The match was a nightmare for Matthew Jones who gave away a penalty and was later sent off.*

27 MAI/MAY 1982

Cymru – 3, Gogledd Iwerddon – 0. 2,315 oedd ar y Cae Ras, Wrecsam, i weld Neville Southall yn ennill ei gap cyntaf ac Ian Rush yn sgorio ei gôl gyntaf i Gymru.

__Wales__ – 3, Northern Ireland – 0. 2,315 at the Racecourse, Wrexham, saw Neville Southall win his first cap and Ian Rush score his first international goal.

28 MAI/MAY 2008

Gwlad yr Iâ – 0, **Cymru** – 1. Y capten ar gyfer y gêm hon oedd Carl Fletcher ond wedi 40 munud bu'n rhaid ei gario o'r maes oherwydd anaf. Cymerwyd ei le gan Ched Evans oedd yn ennill ei gap cyntaf, ac fe sgoriodd unig gôl y gêm gyda'i gyffyrddiad cyntaf. Rhaid oedd edmygu Gwlad yr Iâ am ddarparu cantores o'r wlad honno i ganu anthem eu hymwelwyr.

*Iceland – 0, **Wales** – 1. The captain for this match was Carl Fletcher who had to be carried off after 40 minutes because of injury. He was replaced by Ched Evans, and on his first appearance he scored with his first touch of the ball. Not for the first time the Iceland FA provided one of their own singers to lead 'Hen Wlad fy Nhadau'.*

29 MAI/MAY 1933

Bu farw **Llewelyn Kenrick**, y gŵr drefnodd y cyfarfod i sefydlu Cymdeithas Bêl-droed Cymru (gweler 2 Chwefror). Roedd Llewelyn, a aned yn Rhiwabon yn 1847, yn gyfreithiwr a chwaraeai fel cefnwr i'w dîm lleol, y Derwyddon enwog. Chwaraeodd Llewelyn bum gwaith i Gymru rhwng 1876 a 1881.

Llewelyn Kenrick died. Born in Ruabon in 1847 Llewelyn, a solicitor, is considered to be the man who founded the Football Association of Wales (see 2 February). He played at full-back for his local team, the renowned Druids, and for Wales five times between 1876 and 1881.

30 MAI/MAY 2011

Abertawe – 4, Reading – 2 (Ffeinal gemau ail gyfle'r Bencampwriaeth). Teithiodd 40,000 o gefnogwyr yr Elyrch i Wembley i weld clwb o Gymru yn cyrraedd Uwchgynghrair Lloegr am y tro cyntaf. Sgoriwyd goliau Abertawe gan Scott Sinclair (hatric, dwy o'r smotyn) a Stephen Dobbie.

Swansea City – 4, Reading – 2 (Championship play-off final). 40,000 Swans supporters travelled to Wembley to see a club from Wales reach the Premier League for the first time. The Swansea goals were scored by Scott Sinclair (hat-trick, two penalties) and Stephen Dobbie.

31 MAI/MAY 1991

Noson wobrwyo gyntaf pêl-droed **Cymru:**
Chwaraewr y Flwyddyn – Dean Saunders
Chwaraewr Ifanc – Gary Speed
Chwaraewr Clwb – Jason Perry

*The evening of the inaugural **Wales** football awards:*
Player of the Year – Dean Saunders
Young Player of the Year – Gary Speed
Club Player of the Year – Jason Perry

MEHEFIN

JUNE

Ian Rush

1 MEHEFIN/JUNE 1925

Ganed **Roy Clarke** yng Nghasnewydd. Ym mis Ebrill 1947 gadawodd Roy Gaerdydd yn y Drydedd Adran (De) am Manchester City lle chwaraeodd un gêm yn yr Ail Adran. Ei gêm nesaf oedd gêm gyntaf tymor 1947-48, yn yr Adran Gyntaf – tair gêm mewn tair adran wahanol! Bu farw yn 2006 yn 80 oed.

Roy Clarke was born in Newport. In April 1947 he left Cardiff City in the Third Division (South) for Manchester City and played one match for that club in the Second Division. His next was the first match of season 1947-48, in the First Division – three matches in three different divisions! He died in 2006 aged 80.

2 MEHEFIN/JUNE 1982

Ffrainc – 0, **Cymru** – 1. Sgoriodd Ian Rush ei ail gôl ryngwladol yn erbyn tîm cryf oedd yn cynnwys Michel Platini, Battiston a Tigana, ac oedd yn paratoi ar gyfer rowndiau terfynol Cwpan y Byd.

*France – 0, **Wales** – 1. France's preparations for the World Cup finals were disrupted by Ian Rush's second international goal. The strong home team included Michel Platini, Battiston and Tigana.*

3 MEHEFIN/JUNE 2017

Juventus – 1, Real Madrid – 4 (Rownd Derfynol Cynghrair y Pencampwyr UEFA). **Caerdydd** oedd cartref digwyddiad chwaraeon mwya'r byd yn 2017.

*Juventus – 1, Real Madrid – 4 (UEFA Champions League Final). **Cardiff** staged the world's biggest sporting event of 2017.*

4 MEHEFIN/JUNE 1988

Yr Eidal – 0, **Cymru** – 1. Roedd Ian Rush ar lyfrau Juventus pan ddychwelodd i'r Eidal yn gapten ei wlad. Wedi 37 munud distewyd y dorf yn Bresica gan gôl ragorol Ian.

*Italy – 0, **Wales** – 1. Ian Rush was a Juventus player when he returned to Italy as captain of his country. After 37 minutes his brilliant goal silenced the crowd in Bresica.*

5 MEHEFIN/JUNE 1991

Cymru – 1, Yr Almaen – 0. Gorllewin yr Almaen, enillwyr Cwpan y Byd 1990, oedd pencampwyr y byd. Erbyn y gêm hon yn y stadiwm genedlaethol roedd gorllewin a dwyrain yr Almaen wedi uno. Glaniodd pàs ragorol Paul Bodin yn berffaith i lwybr Ian Rush ac fe wnaeth yr archsgoriwr yr hyn oedd yn ei wneud yn well na neb arall.

Wales – 1, Germany – 0. The winners of the 1990 World Cup were West Germany. By the time this match was played at the national stadium west and east Germany had been unified. Paul Bodin delivered a perfect pass into Ian Rush's path and the goal machine did the rest.

6 MEHEFIN/JUNE 1998

Tiwnisia – 4, **Cymru** – 0. Roedd ymweliad cyntaf Cymru â chyfandir Affrica yn brofiad annymunol, a'r perfformiad yn un cywilyddus. Bu ffrae yn yr ystafell newid wedi'r gweir wrth i'r capten Gary Speed fynegi ei farn yn ddiflewyn ar dafod am y tactegau a'r tîm a ddewiswyd gan y rheolwr Bobby Gould.

*Tunisia – 4, **Wales** – 0. Wales's first visit to the African continent was an unpleasant experience, and resulted in a shameful performance. After the humiliating defeat the captain Gary Speed let the manager Bobby Gould know exactly what he thought of the tactics and team selection.*

7 MEHEFIN/JUNE 1928

Ganed **Dave Bowen** yn Nantyffyllon. Enillodd Dave 19 cap gydag Arsenal rhwng 1954 a 1959 ac roedd yn arweinydd ardderchog ar Gymru yng Nghwpan y Byd 1958 yn Sweden. Bu Dave yn rheolwr Northampton Town yn ogystal â bod yn rheolwr rhan-amser Cymru rhwng 1964 a 1974. Bu farw yn 1995 yn 67 oed.

Dave Bowen was born in Nantyffyllon. He won 19 caps between 1954 and 1959 as an Arsenal player and was an excellent captain of Wales at the 1958 World Cup in Sweden. Dave managed Northampton Town as well as being part-time manager of Wales from 1964 to 1974. He died in 1995 aged 67.

8 MEHEFIN/JUNE 1958

Hwngari – 1, **Cymru** – 1 (Cwpan y Byd, Grŵp 3, Sandviken, Sweden). Gêm gyntaf Cymru yn y rowndiau terfynol, a doedd hi ddim yn ddechrau da wrth i Bozsik, capten Hwngari, sgorio wedi dim ond pedair munud. Daeth John Charles â Chymru'n gyfartal wedi 26 munud.

*Hungary – 1, **Wales** – 1 (World Cup, Group 3, Sandviken, Sweden). Wales's first match in the finals, and it was not a good start with the Hungarian captain, Bozsik, scoring after four minutes. John Charles equalized after 26 minutes.*

9 MEHEFIN/JUNE 1999

Cymru – 0, Denmarc – 2 (Pencampwriaeth Ewrop, grŵp rhagbrofol 1). Yn dilyn ymadawiad Bobby Gould, roedd Neville Southall a Mark Hughes wrth y llyw ar gyfer y gêm hon gynhaliwyd yn Anfield, Lerpwl. Gwyliodd Southall o'r ystlys yn ei siwt ddu a'i grys du tra roedd Hughes yn chwarae ei gêm ryngwladol olaf cyn cael ei benodi'n rheolwr.

Wales – 0, Denmark – 2 (European Championship, qualifying group 1). Following the resignation of Bobby Gould, two caretaker managers were in charge for this match at Anfield, Liverpool. Neville Southall was on the touchline in his black suit and black shirt while Mark Hughes was winning his last cap before being appointed manager.

10 MEHEFIN/JUNE 1970

Ganed **Chris Coleman**, yn Abertawe. Gyda Crystal Palace, Blackburn Rovers a Fulham roedd Chris yn un o amddiffynwyr gorau'r 1990au. Bu'n rheolwr yn Fulham, Real Sociedad, Coventry City a Larissa cyn cael ei benodi'n rheolwr Cymru yn 2012, i olynu ei gyfaill y diweddar Gary Speed. Gyda'r garfan yn galaru dioddefodd y canlyniadau ond aeth Chris â Chymru i safle rhif 8 ar restr FIFA ym mis Hydref 2015 ac yna i rownd gyn-derfynol Ewro 2016.

Chris Coleman was born in Swansea. With Crystal Palace, Blackburn Rovers and Fulham he was one of the best defenders of the 1990s. Chris managed Fulham, Real Sociedad, Coventry City and Larissa before being appointed manager of Wales in 2012, to succeed his friend, the late Gary Speed. With the squad in mourning Chris's early results were poor but he stuck to his beliefs and took Wales to 8th place in the FIFA rankings in October 2015 and then to the semi-finals of Euro 2016.

11 MEHEFIN/JUNE 2016

Cymru – 2 (Bale 10 munud, Robson-Kanu 81), Slofacia – 1 (Duda 61) (Grŵp B, rowndiau terfynol Ewro 2016, Bordeaux). Wedi 58 mlynedd o boen ers i Gymru gyrraedd wyth olaf Cwpan y Byd 1958 newidiodd popeth. Roedd y Wal Goch yn ei hwyliau yn haul de Ffrainc a'r anthem yn wefreiddiol. Wedi dim ond tair munud gwnaeth Ben Davies arbediad gorchestol. Yna daeth cic rydd wych Gareth Bale a chic hosan Hal Robson-Kanu.

HEFYD, ar y dydd hwn yn 1958: **Cymru** – 1, Mecsico – 1.

Wales – *2 (Bale 10 minutes, Robson-Kanu 81), Slovakia* – *1 (Duda 61) (Group B, Euro 2016 finals, Bordeaux). 58 painful years after Wales reached the quarter-finals of the 1958 World Cup everything changed. The Red Wall set the tone with the anthem. After three minutes Ben Davies made an amazing goal-line clearance. Then came Gareth Bale's dipping free-kick and Hal Robson-Kanu's winner* – *'the scuff dreams are made of'.*

ALSO, on this day in 1958: ***Wales*** – *1, Mexico* – *1.*

12 MEHEFIN/JUNE 2015

Cymru – 1, Gwlad Belg – 0. Gyda'r ddwy wlad yn gyfartal ar 11 pwynt ar frig Grŵp B roedd yr awyrgylch yn Stadiwm Dinas Caerdydd yn wefreiddiol, a'r dorf o 33,280 yn record i'r stadiwm. Wedi 25 munud arweiniodd camgymeriad gan Nainggolan at gôl gan Gareth Bale. Gyda Gwlad Belg yn pwyso daeth moment arall fythgofiadwy tua ugain munud o'r diwedd – dechreuodd y dorf ganu'r anthem 'Gyda'n gilydd yn gryfach'.

Wales – 1, Belgium – 0. With the two countries on 11 points at the top of Group B the atmosphere at the Cardiff City Stadium was electrifying, and the attendance of 33,280 a stadium record. After 25 minutes a mistake by Nainggolan led to Gareth Bale's match winner. With Wales under constant pressure another unforgettable moment arrived after 70 minutes – an impromptu rendition of the anthem 'Together stronger'.

13 MEHEFIN/JUNE 2015

Cafodd y fuddugoliaeth fawr neithiwr sylw haeddiannol yn y wasg heddiw. I'r *Western Mail* y tîm cyfan oedd seren y gêm a rhoddwyd naw marc allan o ddeg i bob chwaraewr. Roedd tudalen gyfan yn *The Guardian*, tra roedd gan *El Mundo* yn Sbaen oriel o luniau Gareth Bale.

Last night's magnificent victory received unprecedented press coverage today with a full page in The Guardian *and Spain's* El Mundo *leading with a Gareth Bale picture gallery. The* Western Mail's *star man was the whole team, with every player given a 9/10 rating.*

14 MEHEFIN/JUNE 1912

Cynhaliwyd cyfarfod cyhoeddus yng ngwesty'r Royal Hotel, Stryd Fawr, Abertawe, i sefydlu clwb pêl-droed **Tref Abertawe.** Newidiwyd enw'r clwb i Dinas Abertawe yn 1969.

Swansea Town football club was founded at The Royal Hotel, High Street, Swansea. The club changed its name to Swansea City in 1969.

15 MEHEFIN/JUNE 1958

Sweden – 0, **Cymru** – 0 (Cwpan y Byd, Grŵp 3, Stockholm, Sweden). Wedi gêm gyfartal (1-1), a diflas, yn erbyn Mecsico hon oedd trydedd gêm gyfartal Cymru. Golygai hyn gêm ail gyfle yn erbyn Hwngari oedd hefyd â thri phwynt yn y grŵp.

Sweden – 0, Wales – 0 (World Cup, Group 3, Stockholm, Sweden). After a 1–1 draw, and an awful performance, against Mexico, this was Wales's third draw. This meant a play-off against Hungary who also had three points in the group.

16 MEHEFIN/JUNE 2016

Lloegr – 2 (Vardy 56 munud, Sturridge 90), **Cymru** – 1 (Bale 42) (Gŵp B, rowndiau terfynol Ewro 2016, Lens). Unwaith eto cic rydd wych gan Gareth Bale yn rhoi Cymru ar y blaen, ond dau eilydd yn sgorio goliau Lloegr.

*England – 2 (Vardy 56 minutes, Sturridge 90), **Wales** – 1 (Bale 42) (Group B, Euro 2016 finals, Lens). Another dipping free kick by Gareth Bale gave Wales the lead before two substitutes scored for England.*

17 MEHEFIN/JUNE 1958

Cymru – 2, Hwngari – 1 (Cwpan y Byd, gêm ail gyfle, Stockholm, Sweden. Torf 2,823). Dim ond deuddydd wedi'r gêm yn erbyn Sweden mae Cymru'n wynebu Hwngari eto. Sgoriodd Ivor Allchurch gyda foli ddisgrifiwyd gan awdur yn 1998 fel 'efallai'r ergyd orau welwyd erioed yng Nghwpan y Byd', ac enillwyd y gêm gan Terry Medwin wedi 76 munud.

Wales – 2, Hungary – 1 (World Cup, play-off, Stockholm, Sweden. Attendance 2,823). Just two days after meeting Sweden, Wales face Hungary again. Ivor Allchurch scored with a volley described by an author in 1998 as 'perhaps the greatest shot ever seen in the World Cup'. The match winner was scored by Terry Medwin on 76 minutes.

18 MEHEFIN/JUNE 1998

Ganed **Regan Poole** yng Nghaerdydd. Ar 20 Medi 2014, yn 16 mlwydd a 94 diwrnod oed, Regan oedd y chwaraewr ieuengaf erioed i chwarae i Gasnewydd pan chwaraeodd yn erbyn yr Amwythig yn Adran 2. Ar 1 Medi 2015, ac wedi 15 gêm gynghrair, ymunodd Regan â Manchester United.

Regan Poole was born in Cardiff. On 20 September 2014, aged 16 years and 94 days, Regan became the youngest Newport County player when he appeared against Shrewsbury Town in League 2. On 1 September 2015, after 15 league appearances, he joined Manchester United.

19 MEHEFIN/JUNE 1958

Brasil – 1, **Cymru** – 0 (Cwpan y Byd, rownd yr wyth olaf, Gothenburg, Sweden). Deuddydd wedi curo Hwngari yn y gêm ail gyfle mae Cymru'n wynebu Brasil – heb John Charles oedd wedi'i anafu. Sgoriwyd yr unig gôl wedi 73 munud gan Pelé, 17 mlwydd a 239 diwrnod oed, ei gôl gyntaf yng Nghwpan y Byd.

*Brazil – 1, **Wales** – 0 (World Cup quarter-final, Gothenburg, Sweden). Two days after beating Hungary in the play-off, Wales face Brazil – without the injured John Charles. The only goal of the match was scored on 73 minutes by Pelé, aged 17 years 239 days, his first World Cup goal.*

20 MEHEFIN/JUNE 2016

Rwsia – 0, **Cymru** – 3 (Ramsey 11 munud, Taylor 20, Bale 67) (Grŵp B, rowndiau terfynol Ewro 2016, Toulouse). Gyda Chymru angen un pwynt o'r gêm hon i sicrhau eu lle yn y rownd nesaf gwelwyd perfformiad rhagorol, efallai y gorau erioed. Wedi gêm ddi-sgôr rhwng Slofacia a Lloegr gorffennodd Cymru ar frig Grŵp B.

*Russia – 0, **Wales** – 3 (Ramsey 11 minutes, Taylor 20, Bale 67) (Group B, Euro 2016 finals, Toulouse). Wales, needing a point from this match to move on to the next round, gave one of their best performances, if not the best ever. Slovakia and England drew 0–0 leaving Wales top of Group B.*

21 MEHEFIN/JUNE 1964

Ganed **Dean Saunders** yn Abertawe. Yn 1985 cafodd Dean ei ryddhau gan Abertawe a Chaerdydd, ond erbyn 1991 Dean oedd y chwaraewr drutaf yng ngwledydd Prydain wedi i Lerpwl dalu £2.9 miliwn i Derby County amdano. Enillodd Dean 75 cap gyda 10 clwb gwahanol, sy'n record i Gymro, ac fe sgoriodd 190 gôl mewn 618 o gemau cynghrair. Bu'n rheolwr ar Wrecsam, Doncaster Rovers, Wolverhampton Wanderers, Crawley Town a Chesterfield.

Dean Saunders was born in Swansea. In 1985 he was released by Swansea City and Cardiff City, but in 1991 he became the most expensive player in

Britain when Liverpool paid Derby County £2.9 million for him. Dean won 75 caps with ten different clubs, which is a record for a Welshman, and he scored 190 goals in 618 league appearances. He managed Wrexham, Doncaster Rovers, Wolverhampton Wanderers, Crawley Town and Chesterfield.

22 MEHEFIN/JUNE 1993

Ganed **Danny Ward** yn Wrecsam. Danny oedd y 700fed chwaraewr i gynrychioli Cymru pan enillodd ei gap cyntaf ym mis Mawrth 2016, a hynny cyn iddo chwarae i dîm cyntaf Lerpwl. Gyda Wayne Hennessey wedi ei anafu Danny oedd gôl-geidwad Cymru yn y gêm agoriadol yn Ewro 2016 yn erbyn Slofacia.

Danny Ward was born in Wrexham. Danny was the 700th player to represent Wales. When he won his first cap in March 2016 he was yet to play for Liverpool's first team. With Wayne Hennessey injured it was Danny who was Wales's goalkeeper for the first match at Euro 2016 against Slovakia.

23 MEHEFIN/JUNE 1988

Roedd **Mark Hughes** 'nôl yn Old Trafford i gwblhau ei drosglwyddiad o Barcelona i'w gyn-glwb Manchester United.

Mark Hughes was back at Old Trafford to complete his return from Barcelona to his former club Manchester United.

24 MEHEFIN/JUNE 1958

Brasil – 5, Ffrainc – 2 (Cwpan y Byd, rownd gyn-derfynol, Stockholm, Sweden). Cael a chael oedd hi i Brasil guro Cymru ond chafodd y dewiniaid o dde America ddim trafferth ennill y gêm hon gyda Pelé'n sgorio hatric. Y dyfarnwr oedd y Cymro **Mervyn 'Sandy' Griffiths**. Aeth Brasil ymlaen i guro Sweden 5–2 i ennill y cwpan.

*Brazil – 5, France – 2 (World Cup semi-final, Stockholm, Sweden). Brazil could only score one goal against Wales but put five past France with Pelé scoring a hat-trick. The referee was Welshman **Mervyn 'Sandy' Griffiths**. Brazil went on to beat Sweden 5–2 to win the cup.*

25 MEHEFIN/JUNE 2016

Cymru – 1 (McAuley, trwy ei rwyd ei hun, 75 munud), Gogledd Iwerddon – 0 (Ail rownd, rowndiau terfynol, Ewro 2016, Paris). Bu'n gêm rwystredig i Gymru yn erbyn amddiffyn disgybledig, nes i Gareth Bale roi un croesiad isel i'r coridor ansicrwydd.

Wales – 1 *(McAuley, own goal, 75 minutes), Northern Ireland* – 0 *(Second round, Euro 2016 finals, Paris). Wales were frustrated by a disciplined defence, until Gareth Bale delivered a low cross into the corridor of uncertainty.*

26 MEHEFIN/JUNE 1968

Ganed **Iwan Roberts** ym Mangor a'i fagu yn Nyffryn Ardudwy. Sgoriodd Iwan 202 o goliau mewn 647 o gemau yng Nghynghrair Lloegr, ac enillodd 15 cap rhwng 1989 a 2001. Daeth yn wyneb a llais cyfarwydd yn y Gymraeg a'r Saesneg ar y radio a'r teledu.

Iwan Roberts was born in Bangor and raised in Dyffryn Ardudwy. He scored 202 goals in 647 Football League appearances, and he won 15 caps between 1989 and 2001. He became a regular contributor in Welsh and in English on radio and television.

27 MEHEFIN/JUNE 1936

Ganed **Clive Thomas** yn Nhreorci. Bu Clive yn ddyfarnwr yn rownd derfynol Cwpan FA Lloegr yn 1976, rowndiau terfynol Cwpan y Byd 1974 a 1978, a rowndiau terfynol Pencampwriaeth Ewrop 1976. Cafodd enw o fod yn ddyfarnwr oedd yn glynu'n gaeth at ddeddfau'r gêm, e.e. gorffen y gêm yng Nghwpan y Byd 1978 rhwng Brasil a Sweden eiliadau cyn i Zico sgorio gôl fyddai wedi ennill y gêm i Brasil.

Clive Thomas was born in Treorchy. He refereed the FA Cup final in 1976, at the 1974 and 1978 World Cup finals, and the European Championship finals in 1976. He was known for his strict interpretation of the laws of the game, e.g. blowing the final whistle seconds before Zico scored what would have been the winning goal for Brazil against Sweden at the 1978 World Cup.

28 MEHEFIN/JUNE 1995

Diswyddwyd **Mike Smith** wedi naw gêm yn rheolwr Cymru. Collwyd chwech o'r gemau hynny, yn cynnwys yr ymweliadau hynod siomedig â Moldofa (3–2) a Georgia (5–0).

Mike Smith was dismissed after nine matches as Wales manager. Six defeats included the humiliating visits to Moldova (3–2) and Georgia (5–0).

29 MEHEFIN/JUNE 2012

Ni fyddai **Gareth Bale** ar gael i'w ddewis yng ngharfan bêl-droed Prydain Fawr yng Ngemau Olympaidd 2012 oherwydd anaf i'w gefn.

Gareth Bale would not be available for selection for the Great Britain football squad for the 2012 Olympic Games because of a back injury.

30 MEHEFIN/JUNE 1932

Ganed **Derek Tapscott** yn y Barri. Yn 1953 symudodd Derek o glwb y Barri i Arsenal lle bu'n brif sgoriwr am ddau dymor. Ymunodd â Chaerdydd yn 1958 ac roedd yn brif sgoriwr pan enillodd yr Adar Glas ddyrchafiad i'r Adran Gyntaf yn 1960. Enillodd Derek 14 cap rhwng 1954 a 1959. Bu farw yn 2008 yn 75 oed.

Derek Tapscott was born in Barry. In 1953 he moved from Barry Town to Arsenal where he was leading scorer for two seasons. He joined Cardiff City in 1958 and was leading scorer for the Bluebirds when they won promotion to the First Division in 1960. Derek won 14 caps between 1954 and 1959. He died in 2008 aged 75.

GORFFENNAF
JULY

1 GORFFENNAF/JULY 2016

Cymru – 3 (Ashley Williams 30 munud, Robson-Kanu 55, Vokes 85), Gwlad Belg – 1 (Nainggolan 13) (Rownd yr 8 olaf, Ewro 2016, Lille). Dyma fuddugoliaeth haeddiannol yn erbyn y tîm oedd yn ail yn rhestr detholion FIFA. Twyllodd Hal Robson-Kanu dri o chwaraewyr Gwlad Belg gyda'i dro Cruyff a dyfarnwyd ei gôl syfrdanol yn gôl y rownd gan UEFA.

Wales – 3 (Ashley Williams 30 minutes, Robson-Kanu 55, Vokes 85), Belgium – 1 (Nainggolan 13) (Quarter-finals, Euro 2016, Lille). This was a deserved win against the side ranked second in the world. Hal Robson-Kanu's Cruyff turn sent three Belgium players the wrong way and his goal was selected by UEFA as goal of the round.

2 GORFFENNAF/JULY 1942

Ganed **Gil Reece** yng Nghaerdydd. Enillodd Gil y cyntaf o'i 29 cap yn 1965 wedi iddo symund o Gasnewydd i Sheffield United. Yn 1972 ymunodd Gil â Chaerdydd lle'r enillodd Gwpan Cymru yn 1973 a 1974. Bu farw yn 2003 yn 61 oed.

Gil Reece was born in Cardiff. He won the first of his 29 caps in 1965 after his move from Newport County to Sheffield United. In 1972 Gil signed for Cardiff City where he was a member of the Welsh Cup winning sides of 1973 and 1974. He died in 2003 aged 61.

3 GORFFENNAF/JULY 2012

Yn groes i ddymuniad Cymdeithas Bêl-droed Cymru roedd pum Cymro yng ngharfan pêl-droed Prydain Fawr ar gyfer **Gemau Olympaidd 2012**: Ryan Giggs (capten), Neil Taylor, Joe Allen, Aaron Ramsey a Craig Bellamy.

*Contrary to the Football Association of Wales's wishes five Welshmen were included in the Great Britain football squad for the **2012 Olympic Games**: Ryan Giggs (captain), Neil Taylor, Joe Allen, Aaron Ramsey and Craig Bellamy.*

4 GORFFENNAF/JULY 1954

Gorllewin yr Almaen – 3, Hwngari – 2 (Rownd derfynol Cwpan y Byd 1954). Roedd y ffefrynnau Hwngari yn ddig iawn fod eu 'gôl' yn y munudau olaf wedi cael ei gwrthod ar sail penderfyniad y llumanwr **Mervyn 'Sandy' Griffiths**. Sandy oedd y Cymro cyntaf i ddyfarnu rownd derfynol Cwpan FA Lloegr (1953), ac yn rowndiau terfynol Cwpan y Byd (1950, 1954 a 1958), ac wrth gwrs, yr unig Gymro, hyd yn hyn, i fod yn rhan o rownd derfynol Cwpan y Byd.

West Germany – 3, Hungary – 2 (World Cup Final 1954). The favourites Hungary were furious when their 'goal' in the final minutes was disallowed by the linesman **Mervyn 'Sandy' Griffiths**. *Sandy was the first Welshman to referee the FA Cup final (1953), and at the World Cup finals (1950, 1954 and 1958), and of course, the only Welshman, so far, to be part of the World Cup final.*

5 GORFFENNAF/JULY 1916

Ganed **Ivor Powell** yn Gilfach, Bargod. Cafodd Ivor yrfa hynod fel chwaraewr o 1937 hyd 1954, ac yna fel hyfforddwr a rheolwr hyd ei ymddeoliad yn 2010. Yn 2006 cafodd Ivor ei gydnabod gan 'Guinness World Records' fel hyfforddwr hyna'r byd. Bu farw yn 2012 yn 96 oed.

Ivor Powell was born in Gilfach, Bargoed. Ivor had a remarkable career as a player from 1937 until 1954, and then as a coach and manager until his retirement in 2010. In 2006 he was recognised by 'Guinness World Records' as the world's oldest working football coach. He died in 2012 aged 96.

6 GORFFENNAF/JULY 2016

Portiwgal – 2 (Ronaldo 50 munud, Nani 53), **Cymru** – 0 (Rownd gyn-derfynol, Ewro 2016, Lyon). Gyda Ben Davies ac Aaron Ramsey yn absennol oherwydd gwaharddiadau, y gwahaniaeth rhwng y ddau dîm oedd Christiano Ronaldo sgoriodd gyda pheniad gwych, ac yna gwyrodd ei ergyd yn greulon oddi ar Nani heibio Wayne Hennessey ac i'r gôl.

Portugal – 2 (Ronaldo 50 minutes, Nani 53), **Wales** *– 0 (Semi-final, Euro 2016, Lyon). With Aaron Ramsey and Ben Davies suspended the difference between the two teams was Christiano Ronaldo who scored with a brilliant header and then his shot cruelly deflected off Nani past Wayne Hennessey into the net.*

7 GORFFENNAF/JULY 1954

Ganed **Mickey Thomas** ym Mochdre. Roedd Mickey'n aelod o dîm Wrecsam a enillodd bencampwriaeth y Drydedd Adran yn 1978 a Chwpan Cymru yn 1972, 1975 a 1978. Yna ymunodd Mickey â Manchester United cyn symud ymlaen i naw clwb arall yng Nghynghrair Lloegr. Chwaraeodd Mickey 51 o weithiau i Gymru rhwng 1976 a 1986. Yn 1993 carcharwyd Mickey am 18 mis am ddosbarthu arian papur ffug.

__Mickey Thomas__ was born in Mochdre. Mickey was a member of the Wrexham side which won the Third Division Championship in 1978 and the Welsh Cup in 1972, 1975 and 1978. He then signed for Manchester United before moving on to nine other Football League clubs. Mickey won 51 caps between 1976 and 1986. In 1993 Mickey was jailed for 18 months for distributing counterfeit currency.

8 GORFFENNAF/JULY 2016

Y croeso gartref na welwyd ei debyg erioed o'r blaen. Cafodd arwyr **Ewro 2016** groeso tywysogaidd gan filoedd o bobl ym maes awyr Caerdydd. Wedi iddynt gyrraedd canol y ddinas gwelsant fod oddeutu 200,000 yno yn talu gwrogaeth iddynt.

HEFYD, ar y dydd hwn yn 1997 ganed **David Brooks**.

It was a homecoming fit for heroes, the __Euro 2016__ heroes. There were thousands at Cardiff airport, and when Chris Coleman's men emerged from Cardiff castle they were greeted by about 200,000 people on the streets of the city centre.

ALSO, on this day in 1997 __David Brooks__ was born.

Mickey Thomas

9 GORFFENNAF/JULY 1930

Ganed **Stuart Williams** yn Wrecsam. Dechreuodd Stuart ei yrfa ar y Cae Ras, Wrecsam, lle roedd ei dad yn gyfarwyddwr, ond gyda West Bromwich Albion y treuliodd y rhan fwyaf o'i yrfa cyn gorffen gyda Southampton. Enillodd Stuart 43 cap rhwng 1954 a 1965.

Stuart Williams was born in Wrexham. Stuart began his career at the Racecourse, Wrexham, where his father was a director, but it was West Bromwich Albion who saw his best playing years before he moved to Southampton. Stuart made 43 appearances for Wales between 1954 and 1965.

10 GORFFENNAF/JULY 1997

Bu farw **Ivor Allchurch** yn 67 oed. Ivor oedd mewnwr chwith gorau gwledydd Prydain yn ystod y 1950au, ac roedd yn un o sêr Cwpan y Byd 1958. Bu'n ffyddlon i Abertawe tan 1959 pan symudodd i Newcastle United. Chwaraeodd hefyd i Gaerdydd, ac yna i Abertawe lle mae ei gyfanswm o 164 o goliau cynghrair yn dal yn record i'r Elyrch (2018). Sgoriodd Ivor 23 gôl yn ei 68 gêm i Gymru rhwng 1950 a 1966.

Ivor Allchurch died aged 67. Ivor was the best inside-left in Britain during the 1950s, and was one of the stars at the 1958 World Cup. He stayed loyal to Swansea Town until 1959 when he moved to Newcastle United. Ivor also played for Cardiff City, and then Swansea, and his total of 164 league goals is still a record for the Swans (2018). Ivor scored 23 goals in 68 appearances for Wales between 1950 and 1966.

11 GORFFENNAF/JULY 2016

Enwyd Joe Allen ac Aaron Ramsey gan UEFA yn eu Tîm y Twrnament, **Ewro 2016.**

*Joe Allen and Aaron Ramsey were named in UEFA's Team of the Tournament at **Euro 2016.***

12 GORFFENNAF/JULY 1973

Bu farw **Roy John** yn 62 oed. Enillodd Roy 14 cap fel gôl-geidwad yn y 1930au pan gipiodd Cymru bencampwriaeth gwledydd Prydain ddwywaith yn olynol.

Roy John died aged 62. Roy won 14 caps as a goalkeeper in the 1930s when Wales were British champions for two consecutive seasons.

13 GORFFENNAF/JULY 1979

Ganed **Craig Bellamy** yng Nghaerdydd. Enillodd Craig ei gap cyntaf dan 21 oed pan oedd yn ddim ond 16 oed, ac aeth ymlaen i chwarae i'r tîm hŷn 78 o weithiau rhwng 1998 a 2013, a sgorio 19 gôl. Craig oedd y chwaraewr cyntaf i sgorio dros saith clwb gwahanol yn Uwchgynghrair Lloegr.

Craig Bellamy was born in Cardiff. Craig won his first under 21 cap when he was just 16 years old, and he went on to make 78 appearances for the senior team between 1998 and 2013, scoring 19 goals. Craig was the first player to score for seven different clubs in the Premier League.

14 GORFFENNAF/JULY 2011

Llanelli – 2, Dinamo Tbilsi – 1 (Cynghrair Ewropa, ail rownd ragbrofol, cymal cyntaf). Roedd Andy Legg, rheolwr Llanelli, ar ben ei ddigon gyda'r fuddugoliaeth wych hon ar Barc y Scarlets. Sgoriwyd y ddwy gôl gan Jordan Follows. Collodd Llanelli yr ail gymal 5-0.

Llanelli – 2, Dinamo Tbilsi – 1 (Europa League, second qualifying round, first leg). Andy Legg, the Llanelli manager, was very pleased with this superb victory at Parc y Scarlets. Both goals were scored by Jordan Follows. Llanelli lost the second leg 5-0.

15 GORFFENNAF/JULY 1975

Trosglwyddwyd **Joey Jones** o Wrecsam i Lerpwl am £110,000. Chwaraeodd Joey 72 o gemau cynghrair i Lerpwl cyn dychwelyd i'r Cae Ras ym mis Hydref 1978 am £210,000, sy'n dal yn record i Wrecsam (2018).

Joey Jones was transferred from Wrexham to Liverpool for £110,000. Joey made 72 league appearances for Liverpool before returning to the Racecourse in October 1978 for £210,000, which is still a record fee paid by Wrexham (2018).

16 GORFFENNAF/JULY 1989

Ganed **Gareth Bale** yng Nghaerdydd. O fewn cyfnod o chwe mis yn 2006 chwaraeodd Gareth ei gêm gyntaf i Southampton, enillodd ei gap cyntaf dan 21 oed a'i gap hŷn cyntaf, a sgoriodd ei goliau cyntaf i Southampton a Chymru. Symudodd Gareth i Tottenham Hotspur yn 2007 a sefydlodd ei hun yn chwaraewr gorau Uwchgynghrair Lloegr. Ar 1 Medi 2013 talodd Real Madrid 100.8 miliwn ewro/£85.3 miliwn amdano, a'i gwnaeth yn chwaraewr druta'r byd.

Gareth Bale was born in Cardiff. In the space of six months in 2006 Gareth made his debut for Southampton, won his first under 21 and senior caps, and scored his first goals for Southampton and Wales. He moved to Tottenham Hotspur in 2007 where he established himself as the best player in the Premiership. On 1 September 2013 Real Madrid paid 100.8 million euros/£85.3 million for Gareth, making him the most expensive footballer on the planet.

17 GORFFENNAF/JULY 1932

Ganed **Colin Webster** yng Nghaerdydd. Enillodd Colin dri o'i bedwar cap yng Nghwpan y Byd 1958 yn Sweden pan oedd ar lyfrau Manchester United, a chwaraeodd i'r Cochion yn rownd derfynol Cwpan FA Lloegr yn 1958. Chwaraeodd Colin yn ddiweddarach i Abertawe, lle roedd yn brif sgoriwr yn 1959-60 a 1960-61, a Chasnewydd. Bu farw yn 2001 yn 68 oed.

Colin Webster was born in Cardiff. He won three of his four caps at the 1958 World Cup in Sweden when he was a Manchester United player, and he played for the Reds in the 1958 FA Cup final. Colin later played for Swansea Town, where he was top scorer in 1959-60 and 1960-61, and Newport County. He died in 2001 aged 68.

Llun: Getty Images

Gareth Bale gyda Chris Gunter

18 GORFFENNAF/JULY 1955

Bu farw **Billy McCandless**, rheolwr Abertawe, yn 61 oed. Cyflawnodd Billy Mac, a aned yn Belfast, hatric nodedig sef llywio tri chlwb Cymreig i bencampwriaeth y Drydedd Adran (De), Cynghrair Lloegr: Casnewydd yn 1939, Caerdydd yn 1947, ac Abertawe yn 1949.

Billy McCandless, Swansea Town manager, died aged 61. Belfast-born Billy Mac achieved a notable hat-trick by leading three Welsh clubs to the Football League Third Division (South) championship: Newport County in 1939, Cardiff City in 1947, and Swansea Town in 1949.

19 GORFFENNAF/JULY 1953

Ganed **Nick Deacy** yng Nghaerdydd. Enillodd Nick 11 cap gyda PSV Eindhoven yn yr Iseldiroedd ac un cap gyda Beringen yng Ngwlad Belg. Yn ystod ei bedair blynedd gyda PSV enillodd y clwb y cynghrair yn 1976 a 1978, a Chwpan UEFA yn 1978 pan ymddangosodd Nick fel eilydd yn y rownd derfynol. Yn y rownd gyn-derfynol sgoriodd Nick yn erbyn Barcelona yn y Nou Camp.

Nick Deacy was born in Cardiff. Nick won 11 caps with PSV Eindhoven in Holland and one cap with Beringen in Belgium. During his four years with PSV the club were league champions in 1976 and 1978, and UEFA Cup winners in 1978 when Nick appeared as a substitute in the final. In the semi-final Nick scored against Barcelona at the Nou Camp.

20 GORFFENNAF/JULY 2010

Y Seintiau Newydd – 4, Bohemians – 0 (Cynghrair y Pencampwyr UEFA, ail rownd ragbrofol, ail gymal) – buddugoliaeth wych i'r Seintiau yn erbyn pencampwyr Gweriniaeth Iwerddon wedi iddynt golli'r cymal cyntaf 1 – 0. Colli 6 – 1 dros ddau gymal yn erbyn Anderlecht o Wlad Belg oedd tynged y Seintiau yn y rownd nesaf.

The New Saints – 4, Bohemians – 0 (UEFA Champions League, second qualifying round, second leg) – a great win for TNS against the champions of the Republic of Ireland after they had lost the first leg 1 – 0. In the next round TNS lost 6 – 1 to Belgium's Anderlecht over two legs.

21 GORFFENNAF/JULY 1989

Ganed **Chris Gunter** yng Nghasnewydd. Enillodd Chris ei gap cyntaf dan 21 oed pan oedd yn 16 oed a'i gap hŷn cyntaf yn 17 oed. Roedd ei gysondeb a'i deyrngarwch i Gymru yn chwedlonol a chofir amdano yn codi calonnau'r cefnogwyr wedi'r golled yn erbyn Lloegr yn Ewro 2016.

Chris Gunter was born in Newport. Chris won his first under 21 cap when he was 16 and his first senior cap at 17. His consistency and loyalty to Wales was legendary and the way he urged the fans to keep their chins up after the defeat to England at Euro 2016 was typical of Chris.

22 GORFFENNAF/JULY 2009

Caerdydd – 0, Celtic – 0: y gêm gyntaf yn stadiwm newydd yr Adar Glas, Stadiwm Dinas Caerdydd. Codwyd y stadiwm ar safle hen stadiwm athletau'r brifddinas ac roedd yn olynydd i Barc Ninian.

Cardiff City – 0, Celtic – 0: the first match at the Bluebirds' new stadium, the Cardiff City Stadium. The new stadium was built on the site of the former Cardiff athletics stadium and replaced Ninian Park.

23 GORFFENNAF/JULY 2005

Abertawe – 1, Fulham – 1: y gêm gyntaf yn stadiwm newydd yr Elyrch sef gêm dysteb i Alan Curtis, un o chwaraewyr chwedlonol Abertawe. Codwyd y stadiwm ar safle hen stadiwm athletau Morfa ac roedd yn olynydd i'r Vetch. Enwyd y stadiwm newydd yn Stadiwm Liberty ym mis Hydref 2005.

Swansea City – 1, Fulham – 1: the first match at the Swans' new stadium, a testimonial match for Alan Curtis, a Swansea City legend. The new stadium was built on the site of the former Morfa athletics stadium and replaced the Vetch Field. It was named the Liberty Stadium in October 2005.

24 GORFFENNAF/JULY 1986

Roedd 50,000 o gefnogwyr brwd yn stadiwm Nou Camp, Barcelona, i gyfarch dau chwaraewr newydd – **Mark Hughes** (£2.5 miliwn) a

Gary Lineker (£2.8 miliwn). Adroddwyd fod Lineker wedi dweud 'Mae hi fel bod yn Notts County', ac i Hughes ateb 'Nac ydy ddim – dwyt ti ddim wedi bod i Wrecsam'.

*At an open day at the Nou Camp stadium 50,000 Barcelona fans greeted the club's two new signings – **Mark Hughes** (£2.5 million) and Gary Lineker (£2.8 million). 'It's a bit like Notts County', Lineker is reported to have said, to which Hughes replied 'No it's not – you haven't been to Wrexham'.*

25 GORFFENNAF/JULY 2015

Am y tro cyntaf erioed roedd **Cymru** yn Pot 1 pan luniwyd y grwpiau ar gyfer gemau rhagbrofol Cwpan y Byd 2018. Digwyddodd hynny oherwydd fod Cymru wedi cyrraedd safle rhif 10 yn rhestr detholion FIFA. Roedd Cymru yn Pot 6 ar gyfer Cwpan y Byd 2014.

*For the first time ever **Wales** were in Pot 1 when the qualifying groups for the 2018 World Cup were drawn. Wales were 10th in the FIFA rankings for July, on which the seedings were based. Wales were in Pot 6 for the 2014 World Cup.*

26 GORFFENNAF/JULY 1935

Ganed **Ken Leek** yn Ynys-y-bŵl. Roedd Ken wedi sgorio i Gaerlŷr ym mhob rownd o gystadleuaeth Cwpan FA Lloegr yn nhymor 1960-61 ond pan gyhoeddwyd y tîm ar gyfer y rownd derfynol doedd enw Ken ddim yno – un o ddirgelion mawr pêl-droed. Sgoriodd Ken 5 gôl mewn13 gêm i Gymru. Bu farw yn 2007 yn 72 oed.

***Ken Leek** was born in Ynys-y-bŵl. Ken scored for Leicester City in every round of the FA Cup in season 1960-61 but when the team was announced for the final Ken's name was missing – one of the great mysteries of football. Ken scored 5 goals in 13 matches for Wales. He died in 2007 aged 72.*

27 GORFFENNAF/JULY 1992

Ganed **Tom Bradshaw** yn yr Amwythig a'i fagu yn Nhywyn, Meirionnydd. Chwaraeodd ei gemau cyntaf i Aberystwyth yn

Uwchgynghrair Cymru yn 16 oed, yna ymunodd â'r Amwythig cyn symud i Walsall (lle'r enillodd ei gap cyntaf ym mis Mawrth 2016) ac yna i Barnsley a Millwall.

Tom Bradshaw was born in Shrewsbury and raised in Tywyn, Meirionnydd. He played for Aberystwyth Town in the Welsh Premier League at 16. He then joined Shrewsbury Town before moving to Walsall (where he won his first cap in March 2016) and then to Barnsley and Millwall.

28 GORFFENNAF/JULY 1966

Ganed **Andy Legg** yng Nghastell-nedd. Enillodd Andy ei le yn y 'Guinness Book of Records' 1995 gyda thafliad hir o 41 metr. Manteisiodd pob un o'i glybiau ar y ddawn hon. Chwaraeodd Andy yn nhîm Llanelli yng Nghwpan Intertoto yn Ewrop yn 2006, 17 mlynedd wedi iddo chwarae i Abertawe yng Nghwpan Enillwyr Cwpanau Ewrop.

Andy Legg was born in Neath. Andy won himself a place in the 'Guinness Book of Records' 1995 with his long throw-in of 41 metres. All his clubs took advantage of this skill. Andy appeared for Llanelli in the Intertoto Cup in Europe in 2006, 17 years after he played for Swansea City in the European Cup-winners Cup.

29 GORFFENNAF/JULY1963

Ganed **Dave Phillips** yn Wegburg, yr Almaen. Chwaraeodd Dave i Plymouth Argyle, Manchester City, Coventry City, lle'r enillodd Gwpan FA Lloegr yn 1987, a Norwich City pan orffennodd y clwb hwnnw yn y trydydd safle yn Uwchgynghrair Lloegr yn 1993. Enillodd Dave 62 cap rhwng 1984 a 1996.

Dave Phillips was born in Wegburg, Germany. He played for Plymouth Argyle, Manchester City, Coventry City, where he was an FA Cup winner in 1987, and Norwich City when that club finished third in the Premiership in 1993. Dave won 62 caps between 1984 and 1996.

30 GORFFENNAF/JULY 1874

Ganed **Billy Meredith** yn y Waun, oddeutu 300 llath o'r ffin â

Lloegr. Enillodd Billy 48 cap rhwng 1895 a 1920. Yn 1904 sgoriodd Billy'r gôl enillodd Gwpan FA Lloegr i Manchester City. Yn 1907 symudodd i Manchester United lle'r enillodd bencampwriaeth yr Adran Gyntaf yn 1908 a 1911, a Chwpan FA Lloegr yn 1909. Billy oedd yn gyfrifol am sefydlu undeb y chwaraewyr proffesiynol (PFA) yn 1907. Bu farw yn 1958 yn 83 oed.

Billy Meredith was born in Chirk, about 300 yards from the English border. Billy won 48 caps between 1895 and 1920. In 1904 Billy scored the winning goal for Manchester City in the FA Cup final. In 1907 he moved to Manchester United where he won the First Division championship in 1908 and 1911, and the FA Cup in 1909. Billy was the founder of the Professional Footballers' Association in 1907. He died in 1958 aged 83.

31 GORFFENNAF/JULY 1899

Ganed **Ivor Jones** ym Merthyr Tudful. Ivor oedd y chwaraewr cyntaf o glwb Abertawe i chwarae i Gymru ac fe enillodd chwe chap cyn symud i West Bromwich Albion. Ivor oedd seren gyntaf y teulu Jones. Chwaraeodd pedwar brawd yng Nghynghrair Lloegr ac yna daeth ei fab Cliff (gweler 7 Chwefror) yn seren ddisglair yn y 1950au a'r 1960au. Bu Ivor farw yn 1974 yn 75 oed.

Ivor Jones was born in Merthyr Tydfil. Ivor was the first Swansea player to play for Wales and he won six caps before moving to West Bromwich Albion. Ivor was the first star of the Jones family. Four brothers also played in the Football League and then his son Cliff (see 7 February) became a big star in the 1950s and 1960s. Ivor died in 1974 aged 75.

AWST
AUGUST

Mark Hughes

1 AWST/AUGUST 1974

Dechreuodd **Mike Smith** ar ei waith yn rheolwr llawn amser cyntaf Cymru. Yn gyn-athro a chwaraewr amatur gyda Corinthian Casuals, Mike oedd Cyfarwyddwr Hyfforddi Cymru â gofal am y timau amatur ac ieuenctid. Aeth Mike â Chymru i wyth olaf Ewro 1976 cyn symud i swydd rheolwr Hull City ac yn ddiweddarach tîm cenedlaethol yr Aifft.

Mike Smith's first day as Wales's first full-time manager. A former teacher and amateur player with Corinthian Casuals, Mike was Wales's Director of

Coaching and manager of the amateur and youth international teams. Mike took Wales to the last eight of Euro 1976 before leaving to take up the manager's post at Hull City, and later Egypt's national team.

2 AWST/AUGUST 2001

Ymunodd **John Hartson** â Celtic am £6.5 miliwn. Yn ystod ei bum mlynedd gyda Celtic enillodd y clwb Uwchgynghrair yr Alban yn 2002, 2004 a 2006, Cwpan yr Alban yn 2004 a 2005, a Chwpan y Gynghrair yn 2006.

John Hartson *joined Celtic for £6.5 million. During John's five years with Celtic the club won the Scottish Premier League in 2002, 2004 and 2006, the Scottish Cup in 2004 and 2005, and the League Cup in 2006.*

3 AWST/AUGUST 1999

Penodwyd **Mark Hughes** yn rheolwr Cymru am y ddwy gêm oedd yn weddill ym Mhencampwriaeth Ewrop. Ei gynorthwyydd fyddai Eric Harrison, gyda Jimmy Shoulder a Mark Bowen yn olynu Tom ac Ernie Walley yng ngofal y tîm dan 21 oed.

Mark Hughes *was appointed Wales manager for the last two European Championship qualifying matches. His assistant would be Eric Harrison, with Jimmy Shoulder and Mark Bowen taking over the under 21 side from Tom and Ernie Walley.*

4 AWST/AUGUST 1938

Trosglwyddwyd **Bryn Jones** o Wolverhampton Wanderers i Arsenal am £14,000, y tro cyntaf i Gymro dorri'r record drosglwyddo Brydeinig (y byd meddai rhai). Pwysodd y swm yn drwm ar ysgwyddau'r cyn-löwr swil a diymhongar a chollodd ei hyder, ac yna daeth yr Ail Ryfel Byd i dorri ar draws ei yrfa. Enillodd Bryn 17 cap rhwng 1935 a 1948.

Bryn Jones *was transferred from Wolverhampton Wanderers to Arsenal for £14,000, the first time a Welshman had broken the British record (a world record according to some sources). The sum proved to be a millstone for the shy and modest ex-miner who lost his confidence, and then the Second World War interrupted his career. Bryn won 17 caps*

5 AWST/AUGUST 1862

Ganed **Robert Mills-Roberts** ym Mhenmachno. Yn 1887 Robert oedd gôl-geidwad Preston North End gollodd yn rownd derfynol Cwpan FA Lloegr. Y flwyddyn nesaf fe enillodd Preston y cwpan ac ni sgoriwyd un gôl yn eu herbyn mewn gemau cwpan y tymor hwnnw. Yn 1890 aeth Robert yn feddyg yn ysbyty Chwarel Dinorwig a bu'n flaenllaw pan sefydlwyd clwb pêl-droed Llanberis, Y Darrans. Yn rhyfeddol, ac yntau heb chwarae ar safon uchel ers bron i ddwy flynedd, enillodd Dr R H Mills-Roberts, MRCS, LRCP, ei gap olaf (ei wythfed) yn erbyn Lloegr yn 1892. Bu farw yn 1935 yn 73 oed.

Robert Mills-Roberts *was born in Penmachno. In 1887 Robert was in goal for the Preston North End side beaten in the FA Cup final. The following year Preston won the cup without conceding a goal throughout the competition. In 1890 he became a surgeon for the hospital at the Dinorwic Slate Quarry and played a leading role in establishing a football team in Llanberis. Amazingly, after two years out of top level football, Dr R H Mills-Roberts, MRCS, LRCP, won his eighth and last cap against England in 1892. He died in 1935 aged 73.*

6 AWST/AUGUST 1999

Trosglwyddwyd **Mark Pembridge** o Benfica i Everton am £850,000. Roedd y bachgen o'r Gurnos wedi symud o Sheffield Wednesday i Bortiwgal yn 1998 yn rhad ac am ddim dan reol Bosman. Enillodd Mark 54 cap rhwng 1991 a 2004.

Mark Pembridge *was transferred from Benfica to Everton for £850,000. The boy from Gurnos had moved from Sheffield Wednesday to Portugal in 1998 on a Bosman free transfer. Mark won 54 caps between 1991 and 2004.*

7 AWST/AUGUST 1996

Mark Aizelewood (39 cap rhwng 1986 a 1994) oedd enillydd gwobr Dysgwr y Flwyddyn yn yr Eisteddfod Genedlaethol yn Llandeilo.

Mark Aizelewood *(39 caps between 1986 and 1994) was the winner of the* *annual Welsh Learner of the Year competition at the National Eisteddfod held at Llandeilo.*

8 AWST/AUGUST 1910

Ganed **Jimmy Murphy** yn Pentre, y Rhondda. Enillodd Jimmy 15 cap gyda West Bromwich Albion yn y 1930au, ac wedi'r Ail Ryfel Byd bu'n hyfforddwr ac yna'n is-reolwr i Matt Busby yn Manchester United. Jimmy oedd rheolwr cyntaf Cymru, yn rhan-amser o 1956 hyd 1964. Uchafbwynt amlwg y cyfnod hwn oedd cyrraedd wyth olaf Cwpan y Byd 1958. Bu farw yn 1989 yn 79 oed, a dadorchuddiwyd cofeb ar ei gartref yn 43 Treharne Street, Pentre, yn 2009.

Jimmy Murphy was born in Pentre, Rhondda. He won 15 caps with West Bromwich Albion in the 1930s, and after the Second World War he was coach and then assistant manager to Matt Busby at Manchester United. Jimmy was Wales's first manager, on a part-time basis from 1956 until 1964. The obvious highlight of this period was reaching the last eight of the 1958 World Cup. He died in 1989 aged 79, and a plaque was unveiled at his home at 43 Treharne Street, Pentre, in 2009.

9 AWST/AUGUST 1963

Trosglwyddwyd **John Charles** o Roma i Gaerdydd am £25,000, ac i godi'r arian bu'n rhaid i'r Adar Glas werthu Alan Durban, Frank Rankmore a Maurice Swan. Yn ei gêm gyntaf yn erbyn Norwich City ar 24 Awst sgoriodd John gyda chic rydd ryfeddol o 70 llath, 75 meddai rhai.

John Charles was transferred from Roma to Cardiff City for £25,000, the sum raised by selling Alan Durban, Frank Rankmore and Maurice Swan. On his debut against Norwich City on 24 August John scored with a remarkable free kick from 70 yards, or was it 75 yards?!

10 AWST/AUGUST 1978

Derbyniwyd **Dai Davies** yn aelod o Orsedd y Beirdd yn yr Eisteddfod Genedlaethol yng Nghaerdydd, y pêl-droediwr cyntaf i dderbyn yr anrhydedd hon. Enw barddol Dai oedd 'Dai o'r Cwm'.

Dai Davies was admitted to the Gorsedd of Bards at the National Eisteddfod held in Cardiff, the first footballer to receive this honour. He chose the bardic name 'Dai o'r Cwm' (Dai from the Valley).

11 AWST/AUGUST 2010

Cymru – 5, Lwcsembwrg – 1. Dyma'r ail o dair gêm chwaraewyd ym Mharc y Scarlets, Llanelli, rhwng 2009 a 2012. Enillodd Steve Morison ei gap cyntaf ac fe sgoriodd David Cotterill, Andy King ac Ashley Williams eu goliau cyntaf.

Wales – 5, Luxembourg – 1. This was the second of three matches played at Parc y Scarlets, Llanelli, between 2009 and 2012. Steve Morison won his first cap and David Cotterill, Andy King and Ashley Williams scored their first goals.

12 AWST/AUGUST 2014

Real Madrid – 2, Sevilla – 0. Cynhaliwyd rownd derfynol yr 'UEFA Super Cup' yn Stadiwm Dinas **Caerdydd**, sef gêm rhwng enillwyr Cynghrair Pencampwyr UEFA a Chynghrair Ewropa UEFA. Sgoriwyd y ddwy gôl gan Cristiano Ronaldo. Roedd Gareth Bale yn nhîm Real Madrid.

Real Madrid – 2, Sevilla – 0. **Cardiff City** *Stadium hosted the 'UEFA Super Cup' final contested by the champions of the two main European club competitions, the UEFA Champions League and the UEFA Europa League. Both goals were scored by Cristiano Ronaldo. Gareth Bale was in the Real Madrid team.*

13 AWST/AUGUST 1955

Prydain Fawr – 1, Gweddill Ewrop – 4. Cynhaliwyd y gêm hon ar Barc Windsor, Belfast, i ddathlu pen-blwydd Cymdeithas Bêl-droed Iwerddon yn 75 oed. Roedd dau Gymro yn y tîm 'cartref', oedd yn gwisgo crysau gwyrdd, sef **Jack Kelsey** a **John Charles**.

Great Britain – 1, Rest of Europe – 4. This match at Windsor Park, Belfast, marked the 75th anniversary of the Irish Football Association. Two Welshmen appeared for the 'home' team, who wore green shirts: **Jack Kelsey** *and* **John Charles.**

14 AWST/AUGUST 2003

Manchester City – 5, **TNS** – 0 (Cwpan UEFA, rownd ragbrofol, cymal cyntaf). Hon oedd y gêm gystadleuol gyntaf yn y City of Manchester Stadium. Collodd TNS 2-0 yn yr ail gymal gynhaliwyd yn Stadiwm y Mileniwm, Caerdydd, ar 28 Awst.

*Manchester City – 5, **TNS** – 0 (UEFA Cup, qualifying round, first leg). This was the first competitive match played at the new City of Manchester Stadium. TNS were beaten 2–0 in the second leg held at the Millennium Stadium, Cardiff, on 28 August.*

15 AWST/AUGUST 1992

Sadwrn cyntaf **Cynghrair Cymru**, noddwyd gan Konica Peter Llewellyn Cyf, Abertawe:

*The inaugural Saturday of the **League of Wales** sponsored by Konica Peter Llewellyn Ltd of Swansea:*

Aberystwyth – 3, Caersŵs – 2
Cwmbrân – 2, Y Fflint/ Flint Town United – 0
Lido Afan/Afan Lido – 2, Cei Connah/Connah's Quay Nomads – 1
Llanidloes – 1, Hwlffordd/Haverfordwest County – 2
Llansawel/Briton Ferry Athletic – 1, Conwy United – 3
Porthmadog – 1, Llanelli – 2
Treffynnon/Holywell Town – 1, Glyn Ebwy/Ebbw Vale – 4
Y Drenewydd/Newtown – 4, Maesteg Park Athletic – 4
Y Fenni/Abergavenny Thursdays – 0, Bangor City – 1
Yr Wyddgrug/Mold Alexandra – 0, Inter Cable Tel – 1.

Ailenwyd y gynghrair yn **Uwchgynghrair Cymru** yn 2002.

*The league was renamed the **Welsh Premier League** in 2002.*

16 AWST/AUGUST 1969

Manchester United – 1, Southampton – 4 (Adran Gyntaf). Sgoriodd **Ron Davies**, blaenwr canol Southampton a Chymru, bedair gôl yn Old Trafford ac fe gafodd ei ddisgrifio gan Matt Busby, rheolwr United, fel y blaenwr canol gorau yn Ewrop.

Manchester United – 1, Southampton – 4 (First Division). **Ron Davies,** *centre-forward for Southampton and Wales, scored four goals at Old Trafford. The United manager, Matt Busby, described him as the finest centre-forward in Europe.*

17 AWST/AUGUST 2005

Cymru – 0, Slofenia – 0. Roedd Cymru'n gwisgo crysau du, coch a gwyn fel teyrnged i John Charles, a'r capten oedd John Hartson ar gyfer y gêm ryngwladol gyntaf yn stadiwm newydd Abertawe, Stadiwm Morfa fel y gelwid hi ar y pryd. Enillodd Richard Duffy, Gavin Williams a Craig Davies eu capiau cyntaf.

Wales – 0, Slovenia – 0. For this first international match at Swansea's new stadium, Morfa Stadium as it was at the time, Wales wore black, red and white shirts as a tribute to John Charles. The captain was John Hartson, and Richard Duffy, Gavin Williams and Craig Davies won their first caps.

18 AWST/AUGUST 1993

Cwmbrân – 3, Cork City – 2. Cwmbrân oedd pencampwyr cyntaf Cynghrair Cymru, ac felly'r gêm hon yn Stadiwm Cwmbrân oedd y tro cyntaf i glwb o Gymru gystadlu yng Nghynghrair Pencampwyr UEFA. Sgorwyr Cwmbrân oedd Simon King a Francis Ford (2).

Cwmbrân – 3, Cork City – 2. Cwmbrân were the inaugural champions of the League of Wales, and therefore this match at Cwmbrân Stadium was the first appearance by a Welsh club in the UEFA Champions League. Cwmbrân scorers were Simon King and Francis Ford (2).

19 AWST/AUGUST 1968

Ganed **Roger Freestone** yng Nghaerllion. Ymunodd Roger ag Abertawe yn 1991 a bu gyda'r Elyrch am 13 tymor. Bu'n gwarchod y gôl mewn 702 o gemau, 552 ohonynt yng Nghynghrair Lloegr. Enillodd Roger ei unig gap yn 2000 yn erbyn Brasil, yr ail gêm chwaraewyd yn Stadiwm y Mileniwm, Caerdydd.

Roger Freestone was born in Caerleon. Roger joined Swansea City in 1991 and stayed with the Swans for 13 seasons, making 702 appearances, 552 in the Football League. The legendary goalkeeper won his only cap in 2000 against Brazil, the second match played at the Millennium Stadium, Cardiff.

20 AWST/AUGUST 2011

Abertawe – 0, Wigan Athletic – 0 (Uwchgynghrair Lloegr) : gêm gartref gyntaf yr Elyrch wedi iddynt ennill dyrchafiad, ac felly'r gêm gyntaf yng Nghymru yn yr adran honno.

Swansea City – 0, Wigan Athletic – 0 (Premier League) : the Swans' first home match after winning promotion, and therefore the first match in Wales in that division.

21 AWST/AUGUST 2010

Cymru – 15, Azerbaijan – 0 (Cwpan y Byd, grŵp rhagbrofol 8): buddugoliaeth orau erioed tîm merched Cymru gyda Helen Lander (Ward yn ddiweddarach) yn sgorio chwe gôl, Gwennan Harries tair, a Sophie Ingle yn sgorio ei gôl ryngwladol gyntaf. Daeth Helen yn brif sgoriwr Cymru gyda 42 gôl a phenodwyd Sophie yn gapten yn 2015. Chwaraewyd y gêm yn y Drenewydd.

Wales – 15, Azerbaijan – 0 (World Cup, qualifying group 8): the record victory for the Welsh women's team with Helen Lander (later Ward) scoring six goals, Gwennan Harries three, and Sophie Ingle scoring her first international goal. Helen became Wales's record scorer with 42 goals and Sophie was appointed captain in 2015. The match was played at Newtown.

22 AWST/AUGUST 1964

Lerpwl – 3, Arsenal – 2. Rhaglen gyntaf *Match of the Day* ar BBC2, a'r tîm sylwebu oedd Kenneth Wolstenholme a **Walley Barnes**, cyngapten Cymru.

*Liverpool – 3, Arsenal – 2. The launch of Match of the Day on BBC2, and the commentators were Kenneth Wolstenholme and **Walley Barnes**, the former Wales captain.*

23 AWST/AUGUST 1984

Ganed **Ashley Williams** yn Wolverhampton. Talodd Abertawe £400,000 i Stockport County amdano yn 2008, ac yna ei werthu i Everton yn 2016 am oddeutu £12 miliwn. Am wyth tymor bu Ashley'n graig amddiffynnol wrth i'r Elyrch ddringo o Adran 1 i'r Uwchgynghrair. Bu Ashley'n gapten parhaol Cymru ers 2012, ac yn gonglfaen arwrol tîm Ewro 2016.

HEFYD, ar y dydd hwn yn 1983 ganed **James Collins**.

Ashley Williams was born in Wolverhampton. Swansea City paid Stockport County £400,000 for Ashley in 2008, and sold him to Everton in 2016 for about £12 million. For eight seasons Ashley was the defensive rock as the Swans rose from League 1 to the Premier League. Ashley became Wales's permanent captain in 2012, and was one of the legendary heroes of Euro 2016.

*ALSO, on this day in 1983 **James Collins** was born.*

24 AWST/AUGUST 1866

Ganed **Caesar August Llewelyn Jenkyns** yn Llanfair ym Muallt. Gydag enw fel yna, ac yn pwyso 14 stôn, roedd Caesar yn amddiffynnwr brawychus i'w wynebu. Chwaraeodd Caesar wyth gwaith i Gymru rhwng 1892 a 1898, ond yr unig gap gwirioneddol a dderbyniodd oedd yr un gyflwynwyd iddo gan Gymdeithas Bêl-droed Cymru yn 1934. Bu farw yn 1941 yn 74 oed.

Caesar August Llewelyn Jenkyns was born in Builth. Heroically-named and weighing 14 stone Caesar was a fearsome defender. He made eight appearances for Wales between 1892 and 1898, but the only actual cap he received was the one presented to him by the Football Association of Wales in 1934. He died in 1941 aged 74.

25 AWST/AUGUST 1923

Chwaraeodd **Alf Jones** ei gêm gyntaf i Wrecsam yng Nghynghrair Lloegr, y Drydedd Adran (gogledd). Aeth Alf ymlaen ac ymlaen am 13 tymor, ac fe safodd ei record o 503 o gemau cynghrair nes i

Arfon Griffiths ei thorri yn 1975. Bu farw yn 1959 yn 59 oed.

Alf Jones made his Football League debut for Wrexham in the Third Division (north). Alf went on and on for 13 seasons, and his total of 503 league matches stood until 1975 when it was broken by Arfon Griffiths. He died in 1959 aged 59.

26 AWST/AUGUST 1999

Inter Caerdydd – 1, Gorica – 0 (Cwpan UEFA, rownd ragbrofol gyntaf, ail gymal). Sgoriwyd unig gôl y gêm hon chwaraewyd yn stadiwm Llechwedd, Caerdydd, gan Carl Mainwaring. Collodd Inter y cymal cyntaf yn Slofenia 0–2.

Inter Cardiff – 1, Gorica – 0 (UEFA Cup, first qualifying round, second leg). The only goal of this match played at Leckwith stadium, Cardiff, was scored by Carl Mainwaring. Inter lost the first leg in Slovenia 0–2.

27 AWST/AUGUST 1921

Wrecsam – 0, Hartlepool United – 2: gêm gyntaf Wrecsam yng Nghynghrair Lloegr (Y Drydedd Adran, gogledd).

Wrexham – 0, Hartlepool United – 2: Wrexham's first match in the Football League (Third Division, north).

28 AWST/AUGUST 1920

Stockport County – 2, **Caerdydd** – 5: gêm gyntaf Caerdydd yng Nghynghrair Lloegr (Yr Ail Adran)
Portsmouth – 3, **Abertawe** – 0: gêm gyntaf Abertawe yng Nghynghrair Lloegr (Y Drydedd Adran)
Casnewydd – 0, Reading – 3: gêm gyntaf Casnewydd yng Nghynghrair Lloegr (Y Drydedd Adran)

*Stockport County – 2, **Cardiff City** – 5: Cardiff's first match in the Football League (Second Division)*
*Portsmouth – 3, **Swansea Town** – 0: Swansea's first match in the Football League (Third Division)*
***Newport County** – 0, Reading – 3: Newport's first match in the Football League (Third Division)*

29 AWST/AUGUST 1981

Abertawe – 5, Leeds United – 1 (Yr Adran Gyntaf). Roedd 23,489 yn y Vetch i wylio gêm gyntaf Abertawe ar y lefel uchaf. Sgoriwyd goliau'r Elyrch gan Bob Latchford (3), Jeremy Charles ac Alan Curtis.

Swansea City – 5, Leeds United – 1 (First Division). 23,489 people were at the Vetch for Swansea's first match at the highest level. The Swans goals were scored by Bob Latchford (3), Jeremy Charles and Alan Curtis.

30 AWST/AUGUST 1920

Caerdydd – 0, Clapton Orient – 0 (Ail Adran): y gêm gyntaf yng Nghynghrair Lloegr ar Barc Ninian, Caerdydd.

Cardiff City – 0, Clapton Orient – 0 (Second Division): the first Football League match at Ninian Park, Cardiff.

31 AWST/AUGUST 1996

Cymru – 6, San Marino – 0 (Cwpan y Byd, grŵp rhagbrofol 7). Roedd Cymru wedi ennill y gêm oddi cartref 5–0, felly doedd y canlyniad yng Nghaerdydd yn erbyn yr ymwelwyr rhan-amser ddim yn annisgwyl.

Wales – 6, San Marino – 0 (World Cup, qualifying group 7). Wales had won the away match 5–0, so this result in Cardiff against the part-time visitors was not unexpected.

MED

SEPTEMBER

1 MEDI/SEPTEMBER 1910

Caerdydd – 1, Aston Villa – 2: y gêm gyntaf ar Barc Ninian, Caerdydd (gêm gyfeillgar)

Cardiff City – *1, Aston Villa* – *2: the first match at Ninian Park, Cardiff (friendly match)*

2 MEDI/SEPTEMBER 1905

Ganed **Tommy Bamford** yn Port Talbot. Sefydlodd Tommy ddwy record i Wrecsam oedd yn dal i sefyll yn 2018, sef y mwyaf o goliau yng Nghynghrair Lloegr mewn tymor (44), a'r cyfanswm mwyaf o goliau cynghrair i'r clwb (175). Enillodd Tommy bum cap i Gymru cyn symud i Manchester United yn 1934. Yn 2007 enwyd y 'Bamford Suite' ar y Cae Ras er cof amdano. Bu farw yn 1967 yn 62 oed.

HEFYD, yn 1991 ganed **Sophie Ingle**, capten tîm merched Cymru ers 2015.

Tommy Bamford was born in Port Talbot. He established two records for Wrexham which still stood in 2018: highest Football League scorer in a season (44), and most league goals for the club (175). Tommy won five caps before moving to Manchester United in 1934. In 2007 the 'Bamford Suite' at the Racecourse was named in his honour. He died in 1967 aged 62.

*ALSO, on this day in 1991 **Sophie Ingle**, captain of the Wales women's team since 2015, was born.*

3 MEDI/SEPTEMBER 1955

Caerdydd – 1, Wolverhampton Wanderers – 9 (Yr Adran Gyntaf): colled fwyaf erioed Caerdydd gartref yng Nghynghrair Lloegr, gyda Hancocks a Swinbourne yn sgorio bob o hatric i Wolves. Roedd torf o 42,546 ar Barc Ninian.

Cardiff City – *1, Wolverhampton Wanderers* – *9 (First Division): Cardiff's worst ever home defeat in the Football League, with Hancocks and Swinbourne scoring hat-tricks for Wolves. The attendance at Ninian Park was 42,546.*

Cymru – 2, Yr Eidal – 1 (Pencampwriaeth Ewrop dan 21 oed, grŵp rhagbrofol 3). Roedd hwn yn ganlyniad gwych yn erbyn y ffefrynnau i ennill y grŵp, a'r seren yn y Liberty, Abertawe, oedd Aaron Ramsey, 18 oed, sgoriwr y gôl fuddugol. Hefyd yn y tîm roedd Neil Taylor, Andy King a Sam Vokes – rhai o sêr Ewro 2016.

Wales – 2, Italy – 1 (European Under 21 Championship, qualifying group 3). This was a stunning victory over the group favourites, and the star of the show at the Liberty, Swansea, was 18 year old Aaron Ramsey, who scored the winning goal. Also in the team were Neil Taylor, Andy King and Sam Vokes who starred at Euro 2016.

Bangor – 2, A C Napoli – 0 (Cwpan Enillwyr Cwpanau Ewrop, rownd gyntaf, cymal cyntaf). Syfrdanwyd y tîm o Serie A wrth i Roy Matthews a Ken Birch (o'r smotyn) roi mantais i dîm Tommy Jones. Gyda'r sgôr yn 3-3 dros ddau gymal chwaraewyd trydedd gêm, yn Highbury, cartref Arsenal, ar 9 Hydref, ac enillwyd honno 2-1 gan A C Napoli.

HEFYD, ar y dydd hwn yn 1988 cyflwynodd Arthur Emyr y rhaglen gyntaf o **Sgorio** ar S4C.

Bangor City – 2, A C Napoli – 0 (European Cup Winners Cup, first round, first leg). Goals by Roy Matthews and Ken Birch (penalty) gave Tommy Jones's team a two goal lead going into the second leg. With the aggregate score 3-3 a third match was played on 9 October at Highbury, home of Arsenal, and resulted in a 2-1 win by A C Napoli.

ALSO, on this day in 1988 Arthur Emyr presented the first edition of **Sgorio** *on S4C.*

Lloegr – 1, **Cymru** – 0. (Pencampwriaeth Ewrop, grŵp rhagbrofol G). Ar ymweliad cyntaf Cymru â Wembley ers 1983, cafodd Darcy

Blake gêm ardderchog yn erbyn Rooney ond methwyd cyfle euraid gan Robert Earnshaw. Syfrdanwyd y cefnogwyr pan glywsant am farwolaeth Mike Dye, un o gefnogwyr Caerdydd, wedi iddo gael ei daro gan gefnogwr o Loegr.

*England – 1, **Wales** – 0. (European Championship, qualifying group G). Wales made their first visit to Wembley since 1983, and with Darcy Blake putting in a man of the match performance against Rooney, a late chance was missed by Robert Earnshaw. Fans were stunned to learn that Mike Dye, a Cardiff City supporter, had died after being struck by an England supporter.*

7 MEDI/SEPTEMBER 1912

Abertawe – 1, Caerdydd – 1: y gêm gyntaf ar y Vetch, Abertawe, yng Nghynghrair y De, Adran 2.

Casnewydd – 3, Mid-Rhondda – 0: y gêm gyntaf ar Barc Somerton, Casnewydd, yng Nghynghrair y De, Adran 2.

***Swansea Town** – 1, Cardiff City – 1: the first match at the Vetch Field, Swansea, in the Southern League, Division 2.*

***Newport County** – 3, Mid-Rhondda – 0: the first match at Somerton Park, Newport, in the Southern League, Division 2.*

8 MEDI/SEPTEMBER 2004

Cymru – 2, Gogledd Iwerddon – 2 (Cwpan y Byd, grŵp rhagbrofol 6). Am noson ddramatig yn Stadiwm y Mileniwm! Dangosodd y dyfarnwr o'r Eidal gerdyn coch i Robbie Savage (Cymru) a Michael Hughes (Gogledd Iwerddon) wedi dim ond naw munud. Dilynodd cerdyn coch arall i David Healy wrth iddo ddathlu sgorio ail gôl y Gwyddelod.

***Wales** – 2, Northern Ireland – 2 (World Cup, qualifying group 6). In a dramatic night at the Millennium Stadium the Italian referee sent off Robbie Savage (Wales) and Michael Hughes (Northern Ireland) after only nine minutes. Another red card followed for David Healy as he celebrated scoring the second Irish goal.*

9 MEDI/SEPTEMBER 1971

Bu farw **Pat Glover** ar ei ben-blwydd yn 61 oed. Sgoriodd Pat 7 gôl mewn 7 gêm i Gymru rhwng 1931 a 1939, ac yn 2018 roedd tair o'i recordiau i Grimsby Town yn dal i sefyll, sef y mwyaf o goliau cynghrair mewn tymor (42), y cyfanswm mwyaf o goliau (180), a phrif enillydd capiau (7).

Pat Glover died on his 61st birthday. Pat scored 7 goals in 7 matches for Wales between 1931 and 1939, and in 2018 three of his records for Grimsby Town still stood: highest Football League scorer in a season (42), most league goals (180), and most capped player (7).

10 MEDI/SEPTEMBER 1985

Cymru – 1, Yr Alban – 1 (Cwpan y Byd, grŵp rhagbrofol 7). Byddai buddugoliaeth i Gymru ar Barc Ninian yn sicrhau eu lle yng Nghwpan y Byd 1986 ym Mecsico. Gyda 10 munud yn weddill dyfarnwyd cic gosb amheus i'r Alban. Rhoddwyd y cyfan mewn persbectif pan glywyd fod Jock Stein, rheolwr yr ymwelwyr, wedi marw ar ddiwedd y gêm.

Wales – 1, Scotland – 1 (World Cup, qualifying group 7). A win for Wales at Ninian Park would secure a place at the 1986 World Cup in Mexico. With 10 minutes left an unjust penalty was awarded to Scotland. The result was put into perspective when it was announced that Jock Stein, Scotland's manager, had died at the end of the match.

11 MEDI/SEPTEMBER 1991

Cymru – 1, Brasil – 0. Yn dilyn y fuddugoliaeth enwog dros yr Almaen yn y gêm flaenorol (gweler 5 Mehefin) cafwyd noson arall i'w chofio, y tro hwn yn sŵn y samba. Cafodd Mark Pembridge gêm gyntaf ardderchog yn safle'r cefnwr de ac o'i groesiad ef y sgoriodd Dean Saunders.

Wales – 1, Brazil – 0. Following the famous win over Germany in the previous match (see 5 June) Wales celebrated again, accompanied by a samba band. Mark Pembridge had an impressive debut at right-back and it was from his cross that Dean Saunders scored.

12 MEDI/SEPTEMBER 1933

Ganed **Len Allchurch** yn Abertawe, yn frawd i Ivor (gweler 10 Gorffennaf). Enillodd Len 11 cap rhwng 1955 a 1963 pan oedd yn chwarae i Abertawe ac yna Sheffield United. Bu farw yn 2016 yn 83 oed.

Len Allchurch was born in Swansea, brother to Ivor (see 10 July). Len won 11 caps between 1955 and 1963 when he was with Swansea Town and then Sheffield United. He died in 2016 aged 83.

13 MEDI/SEPTEMBER 1989

Panathinaikos – 3, **Abertawe** – 2 (Cwpan Enillwyr Cwpanau Ewrop, rownd gyntaf, cymal cyntaf). Roedd y tîm o Athens 3-0 ar y blaen cyn i Paul Raynor a John Salako sgorio. Yn chwarae ei gêm gyntaf yn Ewrop oedd Tommy Hutchison ddathlodd ei ben-blwydd yn 42 oed ar 22 Medi.

*Panathinaikos – 3, **Swansea City** – 2 (European Cup Winners Cup, first round, first leg). The team from Athens were 3-0 up before Paul Raynor and John Salako scored. Tommy Hutchison made his first appearance in a European competition and celebrated his 42nd birthday on 22 September.*

14 MEDI/SEPTEMBER 1972

Trosglwyddwyd **Wyn Davies** o Manchester City i Manchester United – y trosglwyddiad cyntaf rhwng y ddau glwb am 41 mlynedd. A Wyn oedd y Cymro cyntaf i wneud y daith fer ers Billy Meredith yn 1906.

HEFYD, ar y dydd hwn yn 2000 ganed **Ethan Ampadu**.

Wyn Davies was transferred from Manchester City to Manchester United – the first transfer between the two clubs for 41 years. And Wyn was the first Welshman to make the short journey since Billy Meredith in 1906.

*ALSO, on this day in 2000 **Ethan Ampadu** was born.*

15 MEDI/SEPTEMBER 1982

Abertawe – 12, Sliema Wanderers – 0 (Cwpan Enillwyr Cwpanau Ewrop, rownd gyntaf, cymal cyntaf). Mewn gêm unochrog yn erbyn yr amaturiaid o Malta fe sgoriodd Ian Walsh (eilydd yn yr ail hanner) hatric mewn 11 munud. Enillodd yr Elyrch yr ail gymal 5–0.

Swansea City – 12, Sliema Wanderers – 0 (European Cup Winners Cup, first round, first leg). In a one-sided match against the amateurs from Malta, Ian Walsh (a second half substitute) scored a hat-trick in 11 minutes. The Swans won the second leg 5–0.

16 MEDI/SEPTEMBER 1958

Ganed **Neville Southall** yn Llandudno. Neville oedd y gôl-geidwad gorau ar y blaned yng nghanol y 1980au. Roedd ei 578 o gemau cynghrair yn dal yn record i Everton yn 2018. Chwaraeodd Neville ei gêm gynghrair olaf i Bradford yn Uwchgynghrair Lloegr yn 2000, pan oedd yn 41 oed. Enillodd Neville 92 cap rhwng 1982 a 1997.

Neville Southall was born in Llandudno. In the mid 1980s Neville was the best goalkeeper on the planet. His 578 league appearances still stood as a record for Everton in 2018. Neville played his last league match for Bradford in the Premier League in 2000, when he was 41 years of age. Neville won 92 caps between 1982 and 1997.

17 MEDI/SEPTEMBER 1987

Merthyr Tudful – 2, Atalanta – 1 (Cwpan Enillwyr Cwpanau Ewrop, rownd gyntaf, cymal cyntaf). 'Magnifico!' oedd pennawd tudalen gefn y *Western Mail* heddiw wrth adrodd ar gampau'r chwaraewyr rhan-amser ar Barc Penydarren neithiwr yn erbyn y sêr o Serie A. Sgoriwyd y goliau gan Kevin Rogers a'r gweithiwr tarmac Ceri Williams.

Merthyr Tydfil – 2, Atalanta – 1 (European Cup Winners Cup, first round, first leg). The victorious part-timers made the front page of today's Western Mail *with the headline 'Glory for Merthyr'. They defeated the stars from Serie A at Penydarren Park last night with goals by Kevin Rogers and tarmac layer Ceri Williams.*

18 MEDI/SEPTEMBER 1991

Lerpwl – 6, Kuusysi Lahti – 1 (Cwpan UEFA, rownd gyntaf, cymal cyntaf). Hon oedd gêm gyntaf Lerpwl 'nôl yn Ewrop wedi'r gwaharddiad am chwe thymor ar ôl trychineb Stadiwm Heysel. Sgoriwyd pedair o'r chwe gôl gan eu blaenwr newydd **Dean Saunders**.

*Liverpool – 6, Kuusysi Lahti – 1 (UEFA Cup, first round, first leg). This was Liverpool's first match back in Europe following the six year ban after the Heysel Stadium disaster. Four of the six goals were scored by their new forward **Dean Saunders**.*

19 MEDI/SEPTEMBER 1962

Dychwelodd **Arfon Griffiths** o Arsenal i Wrecsam lle daeth yn un o chwaraewyr chwedlonol y Cae Ras. Cyfanswm ei gemau i Wrecsam ym mhob cystadleuaeth oedd 721, ac yn ystod ei gyfnod fel rheolwr enillodd Wrecsam ddyrchafiad i'r Ail Adran am yr unig dro erioed (1978). Enillodd Arfon 17 cap rhwng 1971 a 1976.

__Arfon Griffiths__ returned to Wrexham from Arsenal and became a Racecourse legend. His total of appearances for Wrexham, in all competitions, was 721, and during his tenure as manager the Robins won promotion to the Second Division for the only time in their history (1978). Arfon won 17 caps between 1971 and 1976.

20 MEDI/SEPTEMBER 1946

Ganed **John Mahoney** yng Nghaerdydd. John oedd calon tîm chwedlonol Cymru gyrhaeddodd wyth olaf Ewro 1976, ac enillodd 51 cap rhwng 1967 a 1983. Cafodd John yrfa lewyrchus gyda Stoke City, Middlesbrough ac Abertawe, a bu'n rheolwr ar Fangor, Casnewydd a Chaerfyrddin.

__John Mahoney__ was born in Cardiff. John was the heart of the legendary Welsh team which reached the quarter-final of Euro 1976, and he won 51 caps between 1967 and 1983. John had a successful career with Stoke City, Middlesbrough and Swansea City, and he managed Bangor City, Newport County and Carmarthen Town.

John Mahoney

21 MEDI/SEPTEMBER 1956

Ganed **David Giles** yng Nghaerdydd. Cafodd David ei le yn y llyfrau hanes fel y Cymro cyntaf i ennill capiau bechgyn ysgol, ieuenctid, dan 21oed, y tîm hŷn a'r tîm lled broffesiynol. Hefyd, David yw'r unig chwaraewr i gynrychioli Caerdydd, Abertawe, Wrecsam a Chasnewydd yng Nghynghrair Lloegr.

David Giles was born in Cardiff. David was the first Welsh player to win caps at schoolboy, youth, under 21, senior and semi-professional levels. Also, David is the only player to appear for Cardiff, Swansea, Wrexham and Newport County in the Football League.

22 MEDI/SEPTEMBER 2012

Dadorchuddiwyd oriel anfarwolion clwb **Abertawe** – y Robbie James Wall of Fame – ar fur eisteddle'r de yn stadiwm Liberty, gyferbyn â cherflun Ivor Allchurch. Roedd lle yn yr oriel i 100 o enwau pobl fu â rhan annatod yn hanes y clwb.

*The Robbie James Wall of Fame was unveiled on the wall of the south stand at **Swansea City**'s Liberty stadium, opposite the statue of Ivor Allchurch. The wall honours 100 people who played an integral role in the club's history.*

23 MEDI/SEPTEMBER 1964

Ganed **Clayton Blackmore** yng Nghastell-nedd. Roedd Clayton yn aelod o'r tîm cyntaf ddewiswyd gan Alex Ferguson yn Manchester United yn 1986, a'r unig aelod o'r tîm hwnnw oedd yn dal yn Old Trafford i ddathlu pencampwriaeth gyntaf Ferguson yn 1993. Chwaraeodd Clayton yn Uwchgynghrair Cymru i Fangor, Porthmadog a Chastell-nedd, a bu'n rheolwr ar Fangor a Phorthmadog. Enillodd Clayton 39 cap rhwng 1985 a 1997.

HEFYD, ar y dydd hwn yn 1995, ganed **Connor Roberts**.

***Clayton Blackmore** was born in Neath. Clayton was in the first Manchester United side selected by Alex Ferguson in 1986, and the only member of that team still at Old Trafford to celebrate Ferguson's first championship in 1993. Clayton played in the Welsh Premier League for Bangor City, Porthmadog and Neath, and he managed Bangor and Porthmadog. He won 39 caps between 1985 and 1997.*

*ALSO, on this day in 1995, **Connor Roberts** was born.*

24 MEDI/SEPTEMBER 2016

Bu farw **Mel Charles** yn 81 oed. Cafodd Mel ei enwi'n ganolwr gorau Cwpan y Byd yn Sweden yn 1958, ac arweiniodd hynny at ei drosglwyddiad o Abertawe i Arsenal. Chwaraeodd Mel hefyd i Gaerdydd a Phorthmadog. Enillodd Mel 31 cap rhwng 1955 a 1962, ei fab Jeremy 19 cap, a'i frawd John (gweler 27 Rhagfyr) 38 cap.

Mel Charles died aged 81. Mel was voted the best centre-half at the 1958 World Cup in Sweden, and that led to a move from Swansea Town to Arsenal. He also played for Cardiff City and Porthmadog. Mel won 31 caps between 1955 and 1962, his son Jeremy 19 caps, and his brother John (see 27 December) 38 caps.

25 MEDI/SEPTEMBER 1932

Ganed **Terry Medwin** o fewn muriau carchar Abertawe lle roedd ei dad yn swyddog. Terry oedd y cyntaf o sêr ifanc Abertawe yn y 1950au i adael am yr Adran Gyntaf. Gyda Tottenham Hotspur enillodd Terry bencampwriaeth yr adran honno yn 1961 a Chwpan FA Lloegr yn 1962. Enillodd Terry 30 cap rhwng 1953 a 1962 ac anfarwolodd ei hun trwy fod yr unig Gymro (hyd yn hyn) i sgorio gôl fuddugol yn rowndiau terfynol Cwpan y Byd. Bu Terry'n hyfforddi Caerdydd, Fulham, Norwich City a Chymru, ac yn is-reolwr i John Toshack yn Abertawe.

Terry Medwin was born within the walls of Swansea prison where his father was an officer. Terry was the first young star of the 1950s to leave Swansea Town for the First Division. With Tottenham Hotspur Terry won the First Division championship in 1961 and the FA Cup in 1962. Terry won 30 caps between 1953 and 1962 and (so far) he is the only Welshman to have scored a winning goal at the World Cup finals. Terry coached Cardiff City, Fulham, Norwich City and Wales, and was assistant manager to John Toshack at Swansea City.

26 MEDI/SEPTEMBER 1973

Gwlad Pwyl – 3, **Cymru** – 0 (Cwpan y Byd, grŵp rhagbrofol 5). Roedd y Pwyliaid yn benderfynol o ddial am gael eu chwalu yng Nghaerdydd. Gwnaethant hynny gydag arddeliad. Roedd y dorf o 120,000 yn Katowice wrth eu bodd pan welodd Trevor Hockey gerdyn coch wedi 40 munud. Am y tro cyntaf gwrthododd y capten Mike England gyfnewid crysau ar y diwedd.

Poland – 3, Wales – 0 (World Cup qualifying group 5). 'The carnage of Katowice' was the headline in the South Wales Echo *as a savage Polish team took revenge after their defeat in Cardiff. 120,000 saw Trevor Hockey sent off on 40 minutes. For the first time captain Mike England refused to swap shirts with his opposite number.*

27 MEDI/SEPTEMBER 1972

Wrecsam – 2, FC Zurich – 1 (Cwpan Enillwyr Cwpanau Ewrop, rownd gyntaf, ail gymal): gêm gartref gyntaf Wrecsam yn Ewrop. Sicrhaodd Wrecsam eu lle yn yr ail rownd gyda goliau gan Billy Ashcroft a Mel Sutton.

Wrexham – 2, FC Zurich – 1 (European Cup Winners Cup, first round, second leg): Wrexham's first home European match. Goals by Billy Ashcroft and Mel Sutton secured Wrexham's place in the second round.

28 MEDI/SEPTEMBER 1964

Penodwyd **Dave Bowen** (gweler 7 Mehefin) yn rheolwr Cymru, i olynu Jimmy Murphy. Y pedwar arall gafodd eu hystyried oedd Ronnie Burgess, Bill Jones, T G Jones a Jack Kelsey. Byddai Dave yn derbyn £60 y gêm.

Dave Bowen (see 7 June) was appointed Wales manager, to succeed Jimmy Murphy. The four others in the running were Ronnie Burgess, Bill Jones, T G Jones and Jack Kelsey. Dave would be paid £60 per match.

29 MEDI/SEPTEMBER 1983

Yn anarferol, trosglwyddwyd pum chwaraewr rhwng **Caerdydd** a **Chasnewydd** ar yr un diwrnod. Symudodd Karl Elsey a Nigel Vaughan o Barc Somerton, Casnewydd, i Barc Ninian, Caerdydd, ac aeth Linden Jones, John Lewis a Tarki Micallef i'r cyfeiriad arall.

*An unusual tranfer deal involving five players was agreed by **Cardiff City** and **Newport County**. Karl Elsey and Nigel Vaughan moved from Somerton Park, Newport, to Ninian Park, Cardiff, and Linden Jones, John Lewis and Tarki Micallef moved in the opposite direction.*

30 MEDI/SEPTEMBER 1959

Wrecsam – 1, Swindon Town – 2 (Y Drydedd Adran): y gêm gyntaf dan lifoleuadau ar y Cae Ras, Wrecsam, yn denu 15,555 o wylwyr.

Wrexham – 1, Swindon Town – 2 (Third Division): the first floodlit match at the Racecourse, Wrexham, attracted 15,555 spectators.

HYDREF
OCTOBER

1 HYDREF/OCTOBER 1923

Ganed **Trevor Ford** yn Abertawe. Trevor oedd un o sêr mwyaf y 1950au. Pan symudodd o Aston Villa i Sunderland yn 1950 roedd y swm o £30,000 yn record byd, ac fe dalodd Caerdydd yr un swm amdano yn 1953. Sgoriodd Trevor 202 gôl mewn 401 o gemau cynghrair, a 23 gôl mewn 38 gêm i Gymru rhwng 1946 a 1956. Bu farw yn 2003 yn 79 oed.

***Trevor Ford** was born in Swansea. Trevor was one of the biggest stars of the 1950s. The transfer fee of £30,000 which took him from Aston Villa to Sunderland in 1950 was a world record, and Cardiff City paid the same amount for him in 1953. Trevor scored 202 goals in 401 league matches, and 23 goals in 38 appearances for Wales between 1946 and 1956. Trevor died in 2003 aged 79.*

2 HYDREF/OCTOBER 1985

Bangor – 0, Fredrikstad – 0 (Cwpan Enillwyr Cwpanau Ewrop, rownd gyntaf, ail gymal). Roedd pêl-droed Ewropeaidd 'nôl ar Ffordd Farrar wedi bwlch o 23 mlynedd. Yn nhîm Bangor roedd Neville Powell, eu rheolwr 2007-16, Dai Davies, cyn gôl-geidwad Cymru, a Mark Palios (capten), prif weithredwr Cymdeithas Bêl-droed Lloegr 2003-04.

***Bangor City** – 0, Fredrikstad – 0 (European Cup Winners Cup, first round, second leg). European football returned to Farrar Road after a 23 year absence. In Bangor's team were Neville Powell, their manager 2007-16, Dai Davies, former Wales goalkeeper, and Mark Palios (captain), chief executive of the Football Association 2003-04.*

3 HYDREF/OCTOBER 1964

Cymru – 3, Yr Alban – 2. Cafwyd diweddglo dramatig i gêm gyntaf Dave Bowen yn rheolwr wrth i Ken Leek sgorio wedi 88 ac 89 munud.

***Wales** – 3, Scotland – 2. In a dramatic finish to Dave Bowen's first match as manager Ken Leek scored on 88 and 89 minutes.*

4 HYDREF/OCTOBER 1963

Borough United – 2, Sliema Wanderers – 0 (Cwpan Enillwyr Cwpanau Ewrop, rownd gyntaf, ail gymal). Bu Borough United, oedd â'u cartref yng Nghyffordd Llandudno, mewn bodolaeth o 1954 hyd 1969. Borough oedd y clwb cyntaf o Gymru i ennill rownd mewn cystadleuaeth Ewropeaidd. Daeth y stori dylwyth teg i ben yn yr ail rownd wrth iddynt golli 0–4 dros ddau gymal yn erbyn Slovan Bratislava. Chwaraewyd y ddwy gêm gartref ar y Cae Ras, Wrecsam.

Borough United – 2, Sliema Wanderers – 0 (European Cup Winners Cup, first round, second leg). Borough United were based in Llandudno Junction and were in existence from 1954 until 1969. Borough was the first Welsh club to win a tie in a European competition. The fairy tale came to an end when they lost 0–4 over two legs in the second round to Slovan Bratislava. Borough played the two home legs at the Racecourse, Wrexham.

5 HYDREF/OCTOBER 1960

Caerdydd – 2, Grasshoppers Zurich – 2: y gêm gyntaf ar Barc Ninian dan lifoleuadau.

Cardiff City – 2, Grasshoppers Zurich – 2: the official opening of the Ninian Park floodlights.

6 HYDREF/OCTOBER 1940

Ganed **Herbie Williams** yn Abertawe. Does dim llawer o Gymry wedi bod yn ffyddlonach i un clwb na Herbie a chwaraeodd 510 o gemau cynghrair i Abertawe rhwng 1958 a 1975. Ac roedd yn haeddu mwy na'r tri chap a enillodd, y cyntaf yn 1964 a'r olaf yn 1971.

Herbie Williams was born in Swansea. Not many Welshmen have been as loyal to one club as Herbie who made 510 league appearances for Swansea Town/City between 1958 and 1975. And he deserved more than his three caps, the first in 1964 and the last in 1971.

7 HYDREF/OCTOBER 1916

Yn 38 oed bu farw **Leigh Richmond Roose** ym mrwydr y Somme yn ystod y Rhyfel Byd Cyntaf. Yn frodor o Holt ger Wrecsam enillodd Dick, fel y gelwid ef, Gwpan Cymru gydag Aberystwyth yn 1900 cyn bod yn seren enfawr gyda Stoke City, Everton, Sunderland, Huddersfield Town, Aston Villa a Woolwich Arsenal. Enillodd Dick 24 cap rhwng 1900 a 1911, a phan gyhoeddodd y *Daily Mail* dîm y byd yn 1905 enw Dick ymddangosodd yn safle'r gôl-geidwad.

Leigh Richmond Roose died aged 38 during the First World War's battle of the Somme. A native of Holt near Wrexham, Dick, as he was known, won the Welsh Cup with Aberystwyth Town in 1900 and then became a superstar with Stoke City, Everton, Sunderland, Huddersfield Town, Aston Villa and Woolwich Arsenal. Dick won 24 caps between 1900 and 1911, and when the Daily Mail *published a World X1 in 1905 Dick was selected as goalkeeper.*

8 HYDREF/OCTOBER 1998

Ymddangosodd posteri dwyieithog yng Nghaerdydd ac Abertawe:
Bilingual posters appeared in Cardiff and Swansea:

Sack **Bobby Gould**! Amser iddo fynd!

9 HYDREF/OCTOBER 1994

Bu farw **Idris Hopkins**, deuddydd cyn ei ben-blwydd yn 87 oed. Enillodd Dai, fel y gelwid ef, 12 cap rhwng 1934 a 1939 pan oedd hyd at bum aelod o dîm rhagorol Cymru yn fechgyn o Ferthyr, tref enedigol Dai.

Idris Hopkins died, two days before his 87th birthday. Dai, as he was known, won 12 caps between 1934 and 1939 when he was one of five Merthyr boys in Wales's excellent team.

10 HYDREF/OCTOBER 2015

Bosnia-Herzegovina – 2, **Cymru** – 0. Roedd Cymru angen pwynt yn Zenica i sicrhau lle yn Ewro 2016. Pan glywyd y sgôr o Jerusalem, sef Israel – 1, Cyprus – 2, diflannodd y siom o golli – roedd Cymru wedi ei gwneud hi!

*Bosnia-Herzegovina – 2, **Wales** – 0. Wales needed a point in Zenica to qualify for Euro 2016. When the score in Jerusalem came through, Israel – 1, Cyprus – 2, for the first time we could spell Wales with a Q.*

11 HYDREF/OCTOBER 1937

Ganed **Mel Nurse** yn Abertawe. Enillodd Mel 12 cap rhwng 1959 a 1963. Roedd ei gyfraniad i barhad clwb Abertawe yn ystod yr argyfyngau yn 1985, 1997 a 2002 yn chwedlonol, ac roedd teitl ei hunangofiant yn 2009, sef Mr Abertawe, yn dweud y cyfan amdano. Gwir arwr lleol.

__Mel Nurse__ was born in Swansea. Mel won 12 caps between 1959 and 1963. His contribution to Swansea City's survival during the crises in 1985, 1997 and 2002 is legendary, and the title of his autobiography in 2009 could not have been more appropriate – Mr Swansea. A true local hero.

12 HYDREF/OCTOBER 1977

Cymru – 0, Yr Alban – 2 (Cwpan y Byd, grŵp rhagbrofol 7). Wedi 78 munud, a'r gêm (yn Anfield, Lerpwl) yn ddi-sgôr, neidiodd David Jones, amddiffynnwr canol Cymru, i amddiffyn ei gôl, yn ei grys coch, llewys byr. Gwelwyd braich Joe Jordan, mewn crys glas gyda llewys hir a chyffs gwyn yn cyffwrdd y bêl. Yn rhyfeddol dyfarnwyd cic gosb i'r Alban, a sgoriodd Masson o'r smotyn. Sgoriodd Dalglish ail gôl wedi 87 munud. Cafwyd y sylwebaeth gyntaf yn y Gymraeg ar BBC Radio Cymru gan R Alun Evans a Ken Barton.

Wales – 0, Scotland – 2 (World Cup, qualifying group 7). After 78 minutes, with the score (at Anfield, Liverpool) 0 - 0, David Jones, Wales's central defender in a short sleeved red shirt, jumped to defend his goal. An arm belonging to Joe Jordan, wearing a blue long sleeved shirt with white cuffs, was seen to touch the ball. Amazingly a penalty was awarded to Scotland and Masson scored. Dalglish added a second goal at 87 minutes. R Alun Evans and Ken Barton provided the first Welsh language commentary on BBC Radio Cymru.

13 HYDREF/OCTOBER 1976

Ganed **Carl Robinson** yn Llandrindod. Enillodd Carl 52 cap rhwng 1999 a 2009, y chwaraewr cyntaf o Landrindod i chwarae i Gymru ers Jeff Jones yn 1910. Cafodd lwyddiant fel chwaraewr, hyfforddwr a rheolwr yn yr MLS yng ngogledd America.

Carl Robinson was born in Llandrindod Wells. Carl was the first player from Llandrindod to play for Wales since Jeff Jones in 1910. Carl won 52 caps between 1999 and 2009, and was successful as a player, coach and manager in the MLS in north America.

14 HYDREF/OCTOBER 1981

Cymru – 2, Gwlad yr Iâ – 2 (Cwpan y Byd, grŵp rhagbrofol 3). Roedd Cymru angen ennill o bedair gôl i guro gwahaniaeth goliau Tsiecoslofacia, a chwech i guro'r Undeb Sofietaidd. Munud cyn yr egwyl methodd y llifoleuadau ar y Vetch, Abertawe, ac fe gafwyd toriad o 42 munud. Roedd y sgôr terfynol 2-2 yn un hynod siomedig a dweud y lleiaf.

Wales – 2, Iceland – 2 (World Cup qualifying group 3). Wales needed to score four to establish a superior goal difference over Czechoslovakia, and six to better the USSR. A minute before half-time a floodlight failure at the Vetch, Swansea, resulted in a 42 minute stoppage. The 2–2 result was extremely disappointing to say the least.

15 HYDREF/OCTOBER 1864

Yn ôl gwefan y clwb chwaraeodd **Wrecsam** eu gêm gyntaf ar y dyddiad hwn sy'n golygu mai nhw yw'r clwb pêl-droed hynaf yng Nghymru, a'r trydydd clwb proffesiynol hynaf yn y byd, yn dilyn Notts County a Stoke City. Dathlwyd pen-blwydd Wrecsam yn 150 oed ar 11 Hydref 2014 gyda gêm gartref yn erbyn Grimsby Town.

HEFYD, ar y dydd hwn yn 1999 ganed **Ben Woodburn.**

*According to the club's website **Wrexham** played their first match on this day making them the oldest football club in Wales, and the third oldest professional club in the world after Notts County and Stoke City. Wrexham's 150th birthday was celebrated on 11 October 2014 with a home match against Grimsby Town.*

*ALSO, on this day in 1999 **Ben Woodburn** was born.*

16 HYDREF/OCTOBER 1961

Abertawe – 2, Motor Jena – 2 (Cwpan Enillwyr Cwpanau Ewrop, rownd ragarweiniol, cymal cyntaf). Dyma'r tro cyntaf i glwb o Gymru gystadlu mewn cystadleuaeth yn Ewrop. Cynhaliwyd y gêm 'gartref' yn Linz, Awstria, oherwydd i'r tîm o Ddwyrain yr Almaen fethu cael caniatâd i deithio. Collodd yr Elyrch yr ail gymal 5–1 yn Jena drennydd.

Swansea Town – 2, Motor Jena – 2 (European Cup Winners Cup, preliminary round, first leg). Swansea became the first Welsh club to play in a European competition but had to play the 'home' leg in Linz, Austria, due to visa problems for the East German side. The Swans lost the second leg 5–1 at Jena two days later.

17 HYDREF/OCTOBER 1959

Cymru – 1, Lloegr – 1. Daeth 62,634, y dorf fwyaf erioed ar Barc Ninian, Caerdydd, i weld Graham Moore, 18 oed, a oedd yn ennill ei gap cyntaf, yn dod â Chymru'n gyfartal yn y funud olaf.

Wales – 1, England – 1. A fairy-tale 90th minute equalizer by 18 year old Graham Moore, winning his first cap, in front of Ninian Park's all-time record crowd of 62,634.

18 HYDREF/OCTOBER 1974

Ganed **Robbie Savage** yn Wrecsam. Roedd rhai cefnogwyr yn ei addoli, eraill yn ei gasáu, ond ni ellid ei anwybyddu gyda'i wallt hirfelyn a'i steil ymosodol. Enillodd Robbie 39 cap gyda Crewe Alexandra, Caerlŷr, Birmingham City, Blackburn Rovers a Derby County.

Robbie Savage was born in Wrexham. Some supporters loved him, others loathed him, but it was difficult to ignore his long blond hair and his combatitive style. Robbie won 39 caps with Crewe Alexandra, Leicester City, Birmingham City, Blackburn Rovers and Derby County.

19 HYDREF/OCTOBER 1972

Bu farw **Fred Keenor** yn 78 oed. Fred oedd capten Caerdydd pan enillwyd Cwpan FA Lloegr yn 1927. Roedd Fred eisoes wedi arwain yr Adar Glas i Wembley yn 1925, ac yn 1924 buont o fewn trwch blewyn i ennill pencampwriaeth yr Adran Gyntaf. Bu Fred ar lyfrau Caerdydd o 1912 hyd 1931, a chwaraeodd i Gymru 32 o weithiau rhwng 1920 a 1932, 24 ohonynt yn gapten. Dadorchuddiwyd cerflun ohono wrth stadiwm newydd Dinas Caerdydd yn 2012.

Fred Keenor died aged 78. Fred was the Cardiff City captain who lifted the FA Cup in 1927, the English Cup as it was then. Fred also led the Bluebirds to Wembley in 1925, and to within a whisker of the First Division championship in 1924. Fred played for Cardiff between 1912 and 1931, and made 32 appearances for Wales between 1920 and 1932, 24 as captain. In 2012 a statue of Fred was unveiled outside the new Cardiff City Stadium.

20 HYDREF/OCTOBER 1961

Ganed **Ian Rush** yn Llanelwy a'i fagu yn y Fflint. Ian oedd arch-sgoriwr gwledydd Prydain yn ystod chwarter olaf yr ugeinfed ganrif. Yn 1993 torrodd Ian record sgorio Cymru, oedd wedi sefyll ers 1956. Mewn 73 o gemau rhwng 1980 a 1996 sgoriodd Ian 28 gôl. Heblaw am un tymor gyda Juventus, yn Lerpwl y treuliodd Ian y blynyddoedd hynny, gan ennill pencampwriaeth yr Adran Gyntaf bum gwaith, Cwpan FA Lloegr deirgwaith, a Chwpan Cynghrair Lloegr bum gwaith. Yn 1984 enillodd Lerpwl Gwpan Ewrop a'r flwyddyn honno Ian enillodd Esgid Aur Ewrop gyda 34 o goliau cynghrair.

Ian Rush was born in St Asaph and raised in Flint. Ian was goalscorer supreme in Britain during the last quarter of the twentieth century. In 1993 Ian became Wales's record scorer breaking the record which had stood since 1956. In 73 appearances between 1980 and 1996 he scored 28 goals. Apart from one season with Juventus, Ian played for Liverpool during those years, winning the First Division championship five times, the FA Cup three times and the League Cup five times. In 1984 Liverpool won the European Cup and in the same year Ian won Europe's Golden Boot with 34 league goals.

21 HYDREF/OCTOBER 1964

Denmarc – 1, **Cymru** – 0 (Cwpan y Byd, grŵp rhagbrofol 7). Heb Ivor Allchurch, John Charles a Ron Davies roedd hwn yn ddechrau siomedig iawn i ymgyrch newydd, ac yn berfformiad tila yn erbyn tîm o amaturiaid.

HEFYD, ar y dydd hwn yn 1989 ganed **Sam Vokes**.

*Denmark – 1, **Wales** – 0 (World Cup qualifying group 7). Without Ivor Allchurch, John Charles and Ron Davies this was a disappointing start to a new campaign, and a poor performance against the amateur home team.*

*ALSO, on this day in 1989 **Sam Vokes** was born.*

22 HYDREF/OCTOBER 1955

Cymru – 2, Lloegr – 1: buddugoliaeth gyntaf Cymru dros Loegr ers 1938. Sgoriwyd y gôl gyntaf gan Derek Tapscott, a'r ail 40 eiliad yn ddiweddarach gan Cliff Jones, gyda John Charles yn sgorio trwy ei rwyd ei hun.

Wales – 2, England – 1: Wales's first victory over England since 1938. The first goal was scored by Derek Tapscott, and the second 40 seconds later by Cliff Jones, before John Charles scored an own goal.

23 HYDREF/OCTOBER 1979

Ganed **Simon Davies** yn Hwlffordd a'i fagu yn Solfach. Treuliodd Simon 12 tymor yn Uwchgynghrair Lloegr gyda Tottenham Hotspur, Everton a Fulham, ac enillodd 58 cap rhwng 2001 a 2010.

Simon Davies was born in Haverfordwest and raised at Solva. Simon spent 12 seasons in the Premier League with Tottenham Hotspur, Everton and Fulham, and he won 58 caps between 2001 and 2010.

24 HYDREF/OCTOBER 1985

Bangor – 0, Atletico Madrid – 2 (Cwpan Enillwyr Cwpanau Ewrop, ail rownd, cymal cyntaf). Roedd y dorf o 5,181 ar Ffordd Farrar ar eu traed wedi i dîm John Mahoney herio'r cewri o La Liga mor arwrol. Roedd sôn fod Atletico yn mynd i arwyddo Viv Williams o Lannerch-y-medd, blaenwr Bangor, ond ddaeth dim o hynny.

Bangor City – 0, Atletico Madrid – 2 (European Cup Winners Cup, second round, first leg). John Mahoney's men were given a standing ovation by the 5,181 who witnessed an heroic performance at Farrar Road against the La Liga giants. There were rumours that Atletico were about to sign Viv Williams, the Bangor forward from Llannerch-y-medd, but that did not materialize.

25 HYDREF/OCTOBER 1930

Yr Alban – 1, **Cymru** – 1. Oherwydd fod Cynghrair Lloegr yn gwrthod gorfodi clybiau i ryddhau eu chwaraewyr i gynrychioli unrhyw wlad ar ddydd Sadwrn, ac eithrio Lloegr, roedd naw Cymro yn ennill eu capiau cyntaf yn Glasgow. Dan arweiniad ysbrydoledig Fred Keenor brwydrodd 'y Cymry Anhysbys' yn arwrol i sicrhau gêm gyfartal, annisgwyl.

*Scotland – 1, **Wales** – 1. Because the Football League prohibited clubs from releasing players for international duty on a Saturday, other than for England, Wales travelled to Glasgow with nine debutants. Under the inspired leadership of Fred Keenor 'the Unknowns' battled bravely for an unexpected draw.*

26 HYDREF/OCTOBER 1932

Yr Alban – 2, **Cymru** – 5: buddugoliaeth gyntaf Cymru yn yr Alban ers 1906. Yn wahanol i'r gêm yn 1930 (gweler 25 Hydref) roedd gan Gymru dîm cryf ar gyfer y gêm hon a gynhaliwyd ar ddydd Mercher.

*Scotland – 2, **Wales** – 5: Wales's first victory in Scotland since 1906. In contrast to the match in 1930 (see 25 October) Wales fielded a strong side for this match played on a Wednesday.*

27 HYDREF/OCTOBER 1965

Cymru – 2, Yr Undeb Sofietaidd – 1 (Cwpan y Byd, grŵp rhagbrofol 7). Dyma ganlyniad gorau Cymru mewn gêm ragbrofol trwy gydol diflastod y 1960au. Daeth yr ymwelwyr i Barc Ninian heb eu curo gyda 10 pwynt o bum gêm, a Chymru gyda dim ond dau bwynt o bedair gêm. Gyda thri amddiffynnwr o'r ochr arall yn ei amgylchynu, sgoriodd Ivor Allchurch un arall o'i goliau cofiadwy i ennill y gêm.

Wales – 2, USSR – 1 (World Cup qualifying group 7). This was Wales's best result in a qualifying match throughout the dismal 1960s. The visitors came to Ninian Park unbeaten with 10 points from five qualifiers, while Wales had two points from four matches. Ivor Allchurch, surrounded by three opponents, scored another of his memorable goals to win the match.

28 HYDREF/OCTOBER 1953

Ganed **Phil Dwyer** yng Nghaerdydd. Rhwng 1971 a 1985 chwaraeodd y bachgen o Grangetown fwy o gemau cynghrair (471) i Gaerdydd nag unrhyw un arall yn hanes y clwb, yn bennaf fel amddiffynnwr digyfaddawd.

Phil Dwyer was born in Cardiff. Between 1971 and 1985 the boy from Grangetown made a record number of league appearances (471) for Cardiff City, mainly as an uncompromising defender.

29 HYDREF/OCTOBER 1988

Ganed **Andy King** yn Barnstaple. Pan enillodd Caerlŷr bencampwriaeth Uwchgynghrair Lloegr yn 2016, Andy oedd y chwaraewr cyntaf ers 1962 i orffen ar frig y tair adran uchaf gyda'r un clwb.

Andy King was born in Barnstaple. When Leicester City were crowned Premier League champions in 2016, Andy became the first player since 1962 to win the top three divisions with the same club.

30 HYDREF/OCTOBER 1974

Cymru – 2, Hwngari – 0 (Pencampwriaeth Ewrop, grŵp rhagbrofol 2). Roedd Cymru wedi colli saith o'u hwyth gêm ddiwethaf a dim ond 8,445 welodd y gêm gartref gyntaf gyda Mike Smith wrth y llyw. Penododd Smith gapten newydd ar gyfer y gêm hon – Terry Yorath.

Wales – 2, Hungary – 0 (European Championship qualifying group 2). After seven defeats in eight matches just 8,445 saw Mike Smith's first home match as manager. Smith appointed a new captain for this match – Terry Yorath.

31 HYDREF/OCTOBER 1970

Caerdydd – 5, Hull City – 1 (Yr Ail Adran). Roedd Caerdydd yn agos at frig yr adran a'r arwr lleol o Dreganna, **John Toshack**, yn sgorio'n gyson. Yn y gêm hon cafodd hatric, ond ychydig ddyddiau'n ddiweddarach roedd ar ei ffordd i Lerpwl am £110,000, un o'r trosglwyddiadau mwyaf dadleuol erioed yn hanes yr Adar Glas.

Cardiff City – 5, Hull City – 1 (Second Division). John Toshack's goals had taken Cardiff near the top of the division, and in this match the local hero from Canton scored a hat-trick. Within a matter of days he was on his way to Liverpool for £110,000, one of the most controversial transfers in the Bluebirds' history.

TACHWEDD
NOVEMBER

1 TACHWEDD/NOVEMBER 1963

Ganed **Mark Hughes** yn Wrecsam. Cafodd yrfa lewyrchus gyda Manchester United, Barcelona, Bayern Munich, Chelsea, Southampton, Everton a Blackburn Rovers. Enillodd Mark 72 cap rhwng 1984 a 1999, ac yna bu'n rheolwr Cymru tan 2004. Bu hefyd yn rheolwr ar Blackburn Rovers, Manchester City, Fulham, Queen's Park Rangers, Stoke City a Southampton.

Mark Hughes was born in Wrexham. He had a successful career with Manchester United, Barcelona, Bayern Munich, Chelsea, Southampton, Everton and Blackburn Rovers. Mark won 72 caps between 1984 and 1999, and then was Wales's manager until 2004. He also managed Blackburn Rovers, Manchester City, Fulham, Queen's Park Rangers, Stoke City and Southampton.

2 TACHWEDD/NOVEMBER 1958

Ganed **Nigel Stevenson** yn Abertawe. Bu Nigel yn amddiffynnwr amlwg wrth i'r Elyrch godi o'r Bedwaredd Adran ac i frig yr Adran Gyntaf yn 1982. Nigel oedd yr unig chwaraewr arhosodd yn ffyddlon wrth i'r clwb ddisgyn 'nôl i lawr yr adrannau. Enillodd Nigel bedwar cap yn 1982.

Nigel Stevenson was born in Swansea. Nigel was a prominent defender as the Swans rose from the Fourth Division and to the top of the First Division in 1982. Nigel was the only player to stay loyal as the club went into free-fall. He won four caps in 1982.

3 TACHWEDD/NOVEMBER 1956

Ganed **Carl Harris** yng Nghastell-nedd. Roedd Carl yn asgellwr medrus a chyflym ac enillodd 24 cap yn ystod ei naw mlynedd gyda Leeds United yn yr Adran Gyntaf. Chwaraeodd Carl i nifer o glybiau yn Uwchgynghrair Cymru ar ddiwedd ei yrfa a bu'n rheolwr Llansawel rhwng 1989 a 1994.

Carl Harris was born in Neath. Carl was a clever and speedy winger who won 24 caps during his nine years with Leeds United in the First Division. At the end of his career Carl played for a number of clubs in the Welsh Premier League and was manager of Briton Ferry between 1989 and 1994.

4 TACHWEDD/NOVEMBER 1969

Yr Eidal – 4, **Cymru** – 1 (Cwpan y Byd, grŵp rhagbrofol 3). Dyma'r olaf o bedair gêm ragbrofol ac fe gollodd Cymru'r cyfan. Oherwydd anafiadau a galwadau'r clybiau, Ronnie Rees oedd yr unig Gymro i chwarae yn y pedair gêm. Yn ennill ei gap cyntaf yn Rhufain roedd Terry Yorath, ac fe gafodd y dasg o farcio Luigi Riva. Sgoriodd Riva hatric.

*Italy – 4, **Wales** – 1 (World Cup qualifying group 3). This was the last of four qualifiers, and the fourth defeat. Injuries and club commitments meant that Ronnie Rees was the only Welshman to appear in all four matches. Making his debut in Rome was Terry Yorath. The man he was marking, Luigi Riva, scored a hat-trick.*

5 TACHWEDD/NOVEMBER 1983

Ganed **David Pipe** yng Nghaerffili. David oedd capten Casnewydd pan gyrhaeddwyd rownd derfynol Tlws FA Lloegr yn 2012 a phan enillwyd dyrchafiad o'r Gyngres (Cynghrair Blue Square) i Gynghrair Lloegr yn 2013.

HEFYD, ar y dydd hwn yn 1997, ganed **Chris Mepham**.

David Pipe was born in Caerphilly. David was Newport County's captain when they reached the FA Trophy final in 2012, and gained promotion from the Conference (Blue Square Premier) to the Football League in 2013.

*ALSO, on this day in 1997, **Chris Mepham** was born.*

6 TACHWEDD/NOVEMBER 1997

Bu farw **Ray Daniel** yn 69 oed. Roedd Ray yn amddiffynnwr canol medrus ac yn aelod o dîm Arsenal a enillodd bencampwriaeth yr Adran Gyntaf yn 1953. Chwaraeodd Ray hefyd i Sunderland, Caerdydd ac Abertawe cyn ymuno â Henffordd fel chwaraewr proffesiynol cyntaf y clwb. Enillodd Ray 21 cap rhwng 1950 a 1957.

Ray Daniel died aged 69. Ray was a stylish centre-half who won the First Division championship with Arsenal in 1953. Ray also played for Sunderland, Cardiff City and Swansea Town before joining Hereford United as the club's first professional player. He won 21 caps between 1950 and 1957.

7 TACHWEDD/NOVEMBER 1989

Bu farw **Dai Astley** yn 80 oed. Bu Dai yn sgoriwr toreithiog gyda Charlton Athletic, Aston Villa, Derby County (29 gôl yn ei 30 gêm gyntaf) a Blackpool. Bu'n rhagorol i Gymru, yn sgorio 12 gôl mewn 13 gêm rhwng 1931 a 1939. Wedi'r Ail Ryfel Byd bu Dai'n chwarae i FC Metz yn Ffrainc ac yna bu'n rheoli Inter Milan a Genoa yn yr Eidal, a Djurgarden a Sandvikens yn Sweden.

Dai Astley died aged 80. Dai was a prolific goalscorer with Charlton Athletic, Aston Villa, Derby County (29 goals in his first 30 matches) and Blackpool. He was outstanding for Wales, scoring 12 goals in 13 appearances between 1931 and 1939. After the Second World War he played for FC Metz in France and then managed Inter Milan and Genoa in Italy, and Djurgarden and Sandvikens in Sweden.

8 TACHWEDD/NOVEMBER 1975

Bu ond y dim i **Phil Dwyer** golli ei fywyd wrth chwarae i Gaerdydd yn Gillingham. Gorweddai'n anymwybodol ar ôl cael ei anafu, ac oherwydd ei fod wedi llyncu ei dafod ni allai anadlu. Achubwyd ei fywyd gan y ffisiotherapydd Ron Durham – ac roedd Phil 'nôl yn chwarae y Sadwrn dilynol.

Phil Dwyer nearly lost his life when playing for Cardiff City at Gillingham. He was unconscious following an injury, having swallowed his tongue and stopped breathing. Prompt action by the physiotherapist Ron Durham saved Phil's life – and he was back in action the following Saturday.

9 TACHWEDD/NOVEMBER 1996

Yr Iseldiroedd – 7, **Cymru** – 1 (Cwpan y Byd, grŵp rhagbrofol 7). Yn absenoldeb Barry Horne cafodd Vinny Jones ei hun yn gapten, rywsut. Sgoriodd Berkhamp hatric i'r tîm cartref ond seren y gêm oedd gôl-geidwad Cymru, Neville Southall.

Netherlands – 7, Wales – 1 (World Cup, qualifying group 7). In the absence of Barry Horne, Vinny Jones somehow found himself captain. Berkhamp scored a hat-trick for the home team but the man of the match was Neville Southall in the Wales goal.

10 TACHWEDD/NOVEMBER 1959

Ganed **Peter Nicholas** yng Nghasnewydd. Cafodd Peter gyfnodau'n gapten pob un o'i glybiau – Crystal Palace, Arsenal, Luton Town, Aberdeen, Chelsea a Watford, ac enillodd 73 cap rhwng 1979 a 1991. Peter oedd rheolwr y flwyddyn yn Uwchgynghrair Cymru yn 2001 a 2008 pan enillodd y bencampwriaeth y ddwy flwyddyn, y naill gyda'r Barri a'r llall gyda Llanelli. Bu hefyd yn rheolwr Casnewydd ac yn is-reolwr i Colin Addison yn Abertawe.

Peter Nicholas was born in Newport. He had periods as captain at all his clubs – Crystal Palace, Arsenal, Luton Town, Aberdeen, Chelsea and Watford, and he won 73 caps between 1979 and 1991. Peter was manager of the year in the Welsh Premier League in 2001 and 2008 when he won the championship in both years, the former with Barry Town and the latter with Llanelli. He also managed Newport County and was assistant manager to Colin Addison at Swansea City.

11 TACHWEDD/NOVEMBER 1941

Ganed **Alwyn Burton** yng Nghas-gwent. Chwaraeodd Alwyn yn arwrol yng nghrys rhif 5 Newcastle United pan enillwyd Cwpan Inter-Cities Fairs Ewrop yn 1969. Oherwydd anafiadau dim ond naw cap enillodd Alwyn rhwng 1963 a 1971.

Alwyn Burton was born in Chepstow. Alwyn gave an heroic performance in the number 5 shirt when Newcastle United won the European Inter-Cities Fairs Cup in 1969. Injuries restricted Alwyn to nine caps which he won between 1963 and 1971.

12 TACHWEDD/NOVEMBER 2010

Prestatyn – 2, Y Drenewydd – 1. Sgoriwyd y gôl olaf o gic rydd i'r Drenewydd wedi 92 munud gan **Marc Lloyd Williams**, yr olaf o'i 319 gôl mewn 468 o gemau yn Uwchgynghrair Cymru. Yn ogystal â bod y prif sgoriwr yn holl hanes y gynghrair, Jiws, fel y gelwid ef, oedd prif sgoriwr Ewrop yn nhymor 2001-02 gyda'i 47 gôl i Fangor. Rhannwyd y 319 gôl fel a ganlyn: Bangor – 149, Y Seintiau Newydd – 60, Porthmadog – 52, Aberystwyth – 18, Y Drenewydd – 17, Airbus UK – 16, Y Rhyl – 7.

Prestatyn – 2, Newtown – 1. The last goal was a 92nd minute free-kick for Newtown by **Marc Lloyd Williams***, his 319th goal in 468 appearances in the Welsh Premier League. As well as being the all-time record goalscorer in the league, Jiws, as he was called, was Europe's leading goalscorer in 2001-02 with 47 goals for Bangor City. He scored the 319 goals as follows: Bangor City – 149, The New Saints – 60, Porthmadog – 52, Aberystwyth Town – 18, Newtown – 17, Airbus UK – 16, Rhyl – 7.*

13 TACHWEDD/NOVEMBER 2015

Cymru – 2, Yr Iseldiroedd – 3. Wedi 74 munud roedd y dorf yn Stadiwm Dinas Caerdydd ar eu traed – i groesawu eilydd. Cafodd **Owain Fôn Williams** yr alwad gyntaf i ymuno â charfan hŷn Cymru ym mis Chwefror 2009 ac eisteddodd y gôl-geidwad poblogaidd o Ben-y-groes ar fainc yr eilyddion 29 o weithiau cyn ennill ei gap.

Wales – 2, Netherlands – 3. At 74 minutes the fans gave a standing ovation – to a substitution. **Owain Fôn Williams** *was first called to Wales's senior squad in February 2009 and the popular goalkeeper from Pen-y-groes had sat on the substitutes bench through 29 matches.*

14 TACHWEDD/NOVEMBER 2009

Cymru – 3, Yr Alban – 0. Gwelwyd perfformiad ysgubol gan Aaron Ramsey yng nghanol y cae wrth i Gymru chwalu'r Alban yn y gêm ryngwladol gyntaf yn stadiwm newydd Caerdydd. Creodd Aaron goliau i David Edwards a Simon Church, ac yna sgorio'r un orau ei hun. Roedd Ashley Williams yn gapten am y tro cyntaf.

Wales – 3, Scotland – 0. A scintillating midfield performance by Aaron Ramsey set the stage for a magnificent win over the Scots in the first international at the new Cardiff City Stadium. Aaron created goals for David Edwards and Simon Church before scoring the best one himself. Ashley Williams captained Wales for the first time.

15 TACHWEDD/NOVEMBER 2003

Rwsia – 0, **Cymru** – 0 (Pencampwriaeth Ewrop, gemau ail gyfle, cymal cyntaf). Roedd y canlyniad hwn ym Moscow yn haeddiannol gyda Jason Koumas yn serennu. Roedd y gobeithion yn uchel felly ar gyfer yr ail gymal yng Nghaerdydd ar 19 Tachwedd. Ond boddi wrth y lan oedd hi eto gyda Evseev yn sgorio'r unig gôl wedi 23 munud.

*Russia – 0, **Wales** – 0 (European Championship play-offs, first leg). This draw in Moscow was well-earned with Jason Koumas at his best. Hopes were high before the second leg in Cardiff on 19 November but Wales fell at the last hurdle again with Evseev scoring the only goal at 23 minutes.*

16 TACHWEDD/NOVEMBER 2005

Cyprus – 1, **Cymru** – 0. Dyma ganlyniad trychinebus ar gefn perfformiad cywilyddus wrth i Gymru baratoi ar gyfer yr ymgyrch nesaf ym Mhencampwriaeth Ewrop. Yr unig arwr Cymreig oedd y gôl-geidwad Lewis Price oedd yn ennill ei gap cyntaf.

*Cyprus – 1, **Wales** – 0. A dreadful performance and a disastrous result as Wales prepared for the next European Championship campaign. The only positive was an excellent debut by goalkeeper Lewis Price.*

17 TACHWEDD/NOVEMBER 1993

Cymru –   1, Romania – 2 (Cwpan y Byd, grŵp rhagbrofol 4). Byddai buddugoliaeth yn sicrhau lle Cymru yn rowndiau terfynol 1994 yn yr Unol Daleithiau. Aeth yr ymwelwyr ar y blaen yn dilyn camgymeriad prin gan Neville Southall. Daeth Dean Saunders â Chymru'n gyfartal, ac yna taranodd Paul Bodin ei gic o'r smotyn yn erbyn y croesbren. Wyth munud o'r diwedd sgoriodd Romania ail gôl.

***Wales** – 1, Romania – 2 (World Cup qualifying group 4). Victory would send Wales to the 1994 finals in the USA. A rare mistake by Neville Southall saw the visitors take the lead. Dean Saunders equalized and then Paul Bodin smashed his penalty kick against the crossbar. With eight minutes left Romania scored a second goal.*

18 TACHWEDD/NOVEMBER 1993

Nid y sgôr neithiwr (gweler 17 Tachwedd) oedd y prif newyddion ar dudalennau blaen y *Western Mail* a'r *Daily Post* ond marwolaeth drist y cefnogwr **John Hill** o Ferthyr Tudful ar derfyn y gêm wedi i roced gael ei thanio.

It was not last night's score (see 17 November) which dominated the front pages of the Western Mail *and* Daily Post *but the sad death of supporter **John Hill** from Merthyr Tydfil at the end of the match after a flare had been fired.*

19 TACHWEDD/NOVEMBER 1975

Cymru – 1, Awstria – 0 (Pencampwriaeth Ewrop, grŵp rhagbrofol 2). Arwr y noson fawr ar y Cae Ras, Wrecsam, oedd y bachgen lleol, Arfon Griffiths. Sicrhaodd ei gôl wedi 69 munud le i Gymru yn rowndiau terfynol Ewro 1976, sef yr wyth olaf, a'r unig un o wledydd ynysoedd Prydain i wneud hynny.

Wales – 1, Austria – 0 (European Championship, qualifying group 2). The hero on a glorious night at the Racecourse, Wrexham, was local boy Arfon Griffiths. His 69th minute goal clinched Wales's place in the Euro 1976 quarter-finals, the only country from the British Isles to qualify.

20 TACHWEDD/NOVEMBER 2014

Curodd bechgyn dan 16 oed **Cymru** eu cyfoedion o Ogledd Iwerddon 2–0 yn Ballymena i gipio'r Victory Shield am y tro cyntaf ers tymor 1948-49. Y sgorwyr oedd Tyler Roberts (capten) a Liam Cullen.

*With a 2–0 win over Northern Ireland at Ballymena, **Wales** Under 16s won the Victory Shield for the first time since 1948-49. The scorers were Tyler Roberts (captain) and Liam Cullen.*

21 TACHWEDD/NOVEMBER 1979

Twrci – 1, **Cymru** – 0 (Pencampwriaeth Ewrop, grŵp rhagbrofol 7). Hon oedd gêm olaf Mike Smith yn rheolwr a doedd hi ddim yn achlysur hapus wrth i Byron Stevenson gael ei anfon o'r maes yn dilyn digwyddiad honedig oddi ar y bêl. Gwadodd Byron iddo droseddu ond cafodd ei wahardd gan UEFA rhag chwarae yn y bencampwriaeth am bedair blynedd.

*Turkey – 1, **Wales** – 0 (European Championship qualifying group 7). Mike Smith's final match as manager will be remembered for Byron Stevenson's red card for an alleged incident off the ball. Byron denied any wrongdoing but was banned by UEFA from playing in the championship for four years.*

22 TACHWEDD/NOVEMBER 1967

Yr Alban – 3, **Cymru** – 2. Roedd pencampwriaeth gwledydd Prydain dros y ddau dymor 1966-67 a 1967-68 hefyd yn grŵp rhagbrofol Pencampwriaeth Ewrop 1968. Hon oedd pumed gêm Cymru yn y grŵp, ac ni enillwyd un ohonynt.

HEFYD, ar y dydd hwn yn 1999, ganed **Matthew Smith**.

*Scotland – 3, **Wales** – 2. The Home Nations championship over the two seasons 1966-67 and 1967-68 was also the qualifying group for the 1968 European Championship. This was Wales's fifth match in the group - three defeats and two draws.*

*ALSO, on this day in 1999, **Matthew Smith** was born.*

23 TACHWEDD/NOVEMBER 1999

Abertawe – 0, Darlington – 0 (Adran 3). Gyda 7 munud yn weddill aeth Walter Boyd ymlaen fel eilydd i Abertawe. Ond cyn i'r chwarae ailddechrau roedd Boyd wedi taro un o chwaraewyr Darlington gyda'i benelin ac fe gafodd ei anfon o'r cae. Cofnodwyd amser Boyd ar y cae fel DIM eiliad.

*****Swansea City** – 0, Darlington – 0 (League 3). With 7 minutes to go Walter Boyd appeared as a substitute for Swansea. Before the match could be restarted Boyd had elbowed an opponent and was sent off, his time on the pitch being recorded as ZERO seconds.*

24 TACHWEDD/NOVEMBER 1931

Bu farw **Jack Jones** yn 65 oed. Jack oedd y Cymro cyntaf i godi Cwpan FA Lloegr, pan enillodd Tottenham Hotspur y cwpan yn 1901. Roedd Spurs yn chwarae yng Nghynghrair De Lloegr, felly hwn oedd y tro olaf i'r cwpan gael ei ennill gan dîm o'r tu allan i brif Gynghrair Lloegr. Enillodd Jack 21 cap rhwng 1895 a 1904.

Jack Jones died aged 65. Jack was the first Welshman to lift the English Cup (known since 1927 as the FA Cup) when he captained Tottenham Hotspur to victory in 1901. At the time Spurs played in the Southern League, so this was the last time the cup was won by a club from outside the Football League. Jack won 21 caps between 1895 and 1904.

25 TACHWEDD/NOVEMBER 1945

Bu farw **Len Davies** o niwmonia, yn 46 oed. Roedd Len yn ffefryn mawr ar Barc Ninian yn ystod y 1920au, yn aelod o dîm Caerdydd a enillodd Gwpan Lloegr yn 1927, ac mae ei gyfanswm o 128 o goliau cynghrair yn dal yn record i'r clwb (2018). Enillodd Len 23 cap rhwng 1922 a 1929.

Len Davies died of pneumonia, aged 46. Len was a great favourite at Ninian Park during the 1920s, a member of Cardiff City's 1927 FA Cup winning side, and his total of 128 league goals remains a City record (2018). Len won 23 caps between 1922 and 1929.

26 TACHWEDD/NOVEMBER 1958

Lloegr – 2, **Cymru** – 2. Gyda dau gap newydd, Vic Crowe a Dai Ward, a'r capten Dave Bowen wedi'i anafu yn yr hanner cyntaf, roedd hwn yn berfformiad gwych. Roedd y gic gyntaf ar Barc Villa, Birmingham, am ddau o'r gloch y prynhawn, a gadawodd y gôl-geidwad Jack Kelsey yn syth wedi'r gêm er mwyn chwarae i'w glwb Arsenal y noson honno yn erbyn Juventus yn Llundain.

*England – 2, **Wales** – 2. This was a magnificent performance by a Welsh side fielding two new caps, Vic Crowe and Dai Ward, and for more than half the*

game had captain Dave Bowen an injured passenger on the left wing. The
match at Villa Park, Birmingham, kicked off at 2pm, and goalkeeper Jack
Kelsey left for London after the final whistle to play for Arsenal that evening
against Juventus.

27 TACHWEDD/NOVEMBER 2011

Bu farw **Gary Speed**, rheolwr Cymru ers mis Rhagfyr 2010, yn
42 oed. Cafodd Gary yrfa lwyddiannus fel chwaraewr gyda Leeds
United, Everton, Newcastle United, Bolton Wanderers a Sheffield
United. Chwaraeodd Gary 677 o gemau cynghrair, 534 ohonynt yn
Uwchgynghrair Lloegr, a 85 gêm i Gymru rhwng 1990 a 2004, 44
ohonynt yn gapten. Bu Gary wrth y llyw yn Sheffield United am 18
gêm yn unig cyn derbyn y cynnig na allai ei wrthod, sef rheolwr
ei wlad.

Gary Speed, Wales manager since December 2010, died aged 42. Gary
had a successful career with Leeds United, Everton, Newcastle United,
Bolton Wanderers and Sheffield United. He made 677 league appearances
including 534 in the Premier League, and 85 for Wales between 1990 and
2004, 44 as captain. After 18 matches as manager of Sheffield United,
Gary received the offer which he could not refuse - to be manager of his
country.

28 TACHWEDD/NOVEMBER 2000

Agorwyd Eisteddle Dias ar faes Coedlan y Parc, Aberystwyth, gan
John Charles, er cof am **David Williams**, archsgoriwr chwedlonol
y Canolbarth – 476 gôl i Aberystwyth mewn 433 gêm, a 117 gôl i
Lanidloes.

John Charles opened the Dias Stand at Park Avenue, Aberystwyth, in memory
of David Williams, Mid-Wales's goalscoring phenomenon – 476 goals in 433
games for Aberystwyth, and 117 goals for Llanidloes.

29 TACHWEDD/NOVEMBER 1973

Ganed **Ryan Giggs** yng Nghaerdydd a'i fagu yn Salford. Manchester United oedd unig glwb proffesiynol Ryan a chwaraeodd 672 o gemau cynghrair i'r Cochion. Pan ymddeolodd yn 2014 roedd ei 632 o gemau yn Uwchgynghrair Lloegr yn record, fel yr oedd ei 13 medal pencampwriaeth. 17 mlwydd a 321 diwrnod oed oedd Ryan pan enillodd y cyntaf o'i 64 cap yn 1991. Penderfynodd ymddeol o'r maes rhyngwladol yn 2007. Penodwyd Ryan yn rheolwr Cymru 15 Ionawr 2018.

Ryan Giggs was born in Cardiff and raised in Salford. Manchester United was his only professional club and he made 672 league appearances for the Reds. When he retired in 2014 he had set a Premier League record of 632 appearances. His total of 13 championship medals was also a record. Ryan was 17 years and 321 days old when he won the first of his 64 caps in 1991. He retired from the international scene in 2007. Ryan was appointed Wales manager 15 January 2018.

30 TACHWEDD/NOVEMBER 2016

Rhoddwyd cryn sylw yn y wasg fore heddiw i **Ben Woodburn,** chwaraewr dan 19 oed Cymru. Neithiwr yn Anfield, Lerpwl, ymddangosodd Ben fel eilydd i'r tîm cartref yn erbyn Leeds United yn rownd wyth olaf Cwpan Cynghrair Lloegr (EFL), a sgoriodd ail gôl Lerpwl - y sgoriwr ieuengaf yn hanes y clwb, yn 17 mlwydd a 45 diwrnod oed.

*This morning's media attention focussed on Wales under 19's **Ben Woodburn**. Last night at Anfield, Liverpool, Ben appeared as a substitute in the EFL Cup quarter-final against Leeds United and he scored Liverpool's second goal – the youngest ever goalscorer in the club's history, at 17 years and 45 days.*

RHAGFYR
DECEMBER

Mike England

1 RHAGFYR/DECEMBER 1965

Cymru – 4, Denmarc – 2 (Cwpan y Byd, grŵp rhagbrofol 7). Roedd llai na 5,000 wedi mentro allan mewn tywydd rhewllyd i weld Cymru'n gorffen ymgyrch Cwpan y Byd 1966 gyda buddugoliaeth ar y Cae Ras, Wrecsam.

Wales – 4, Denmark – 2 (World Cup qualifying group 7). Fewer than 5,000 had risked icy conditions to see a Welsh victory at the Racecourse, Wrexham, in the last qualifying match of the 1966 World Cup.

2 RHAGFYR/DECEMBER 1941

Ganed **Mike England** ym Maesglas, Treffynnon. Bu Mike yn amddiffynnwr canol o fri i Blackburn Rovers, Tottenham Hotspur a Chaerdydd, a chwaraeodd i Gymru 44 o weithiau rhwng 1962 a 1974. Bu Mike yn rheolwr Cymru o 1980 hyd 1988, ac aeth â'r wlad o fewn un pwynt i gyrraedd rowndiau terfynol Cwpan y Byd 1982 a 1986, a Phencampwriaeth Ewrop 1984 a 1988.

Mike England was born in Greenfield, Hollywell. Mike was an outstanding centre-half with Blackburn Rovers, Tottenham Hotspur and Cardiff City, and he won 44 caps between 1962 and 1974. Mike was Wales's manager from 1980 until 1988, and he took the country to within a point of qualifying for the 1982 and 1986 World Cups and the 1984 and 1988 European Championships.

3 RHAGFYR/DECEMBER 1899

Ganed **Jack Fowler** yng Nghaerdydd. Roedd Jack yn sgoriwr toreithiog i Abertawe yn y 1920au, ac mae ei bum gôl yn erbyn Charlton Athletic yn 1924 yn dal yn record i'r clwb (2018). Sgoriodd Jack naw hatric i'r Elyrch, a thair gôl mewn chwe gêm i Gymru rhwng 1925 a 1928. Bu farw yn 1975 yn 75 oed.

Jack Fowler was born in Cardiff. Jack was a prolific goalscorer for Swansea Town in the 1920s. His five goals against Charlton Athletic in 1924 still stand as a club record (2018). Jack scored nine hat-tricks for Swansea, and three goals in six appearances for Wales between 1925 and 1928. He died in 1975 aged 75.

4 RHAGFYR/DECEMBER 1993

Bu farw **Roy Vernon** yn 56 oed. Wedi iddo gynorthwyo Blackburn Rovers i ennill dyrchafiad i'r Adran Gyntaf yn 1958 symudodd Roy i Everton lle bu'n brif sgoriwr am bedwar tymor. Chwaraeodd Roy hefyd i Stoke City ac enillodd 32 cap rhwng 1957 a 1967.

HEFYD, ar y dydd hwn yn 1987 ganed **David Cotterill**.

Roy Vernon died aged 56. Roy was a member of the Blackburn Rovers team which won promotion to the First Division in 1958. He then moved to Everton where he was top scorer for four seasons. Roy also played for Stoke City and he won 32 caps between 1957 and 1967.

*ALSO, on this day in 1987 **David Cotterill** was born.*

5 RHAGFYR/DECEMBER 1931

Iwerddon – 4, **Cymru** – 0. Roedd tymor 1931-32 yn un anodd iawn i Gymru gyda chlybiau Lloegr yn gwrthod rhyddhau chwaraewyr. Defnyddiodd Cymru 26 chwaeraewr yn eu tair gêm, pump ohonynt yn ennill un cap yn unig. Y gêm hon yn Belfast oedd unig ymddangosiad **Ted Parris** o Bradford Park Avenue, y chwaraewr du cyntaf i chwarae i Gymru. Ganed Ted yng Nghas-gwent yn 1911, ei rieni o India'r Gorllewin. Bu farw yn 1971.

*Ireland – 4, **Wales** – 0. The 1931-32 season was a very difficult one for Wales because of the refusal of English clubs to release players. Wales used 26 players for their three matches, five winning a solitary cap. This match was the only appearance by **Ted Parris** of Bradford Park Avenue, the first black player to represent Wales. Ted was born in Chepstow in 1911 to West Indian parents. He died in 1971.*

6 RHAGFYR/DECEMBER 1974

Yn 15 mlwydd a 289 diwrnod oed ymddangosodd **Nigel Dalling** fel eilydd i Abertawe yn erbyn Southport ar y Vetch, Abertawe – chwaraewr ieuengaf erioed y clwb yng Nghynghrair Lloegr.

Nigel Dalling, aged 15 years 289 days, became Swansea City's youngest ever Football League player, appearing as a substitute against Southport at the Vetch, Swansea.

7 RHAGFYR/DECEMBER 1932

Cymru – 4, Iwerddon – 1. Yn dilyn diflastod tymor 1931-32 (gweler 5 Rhagfyr) llwyddodd Cymru i ddewis eu chwaraewyr gorau yn 1932-33 trwy chwarae gemau ar bnawniau Mercher. Y fuddugoliaeth hon ar y Cae Ras, Wrecsam, oedd ail un y tymor a phan gollodd Lloegr yn yr Alban ar 1 Ebrill 1933 coronwyd Cymru'n bencampwyr.

Wales – 4, Ireland – 1. After the dismal 1931-32 season (see 5 December) Wales fielded their best players in 1932-33 by playing matches on Wednesday afternoon. This victory at the Racecourse, Wrexham, was the second of the season and when England lost in Scotland on 1 April 1933 Wales were crowned champions.

8 RHAGFYR/DECEMBER 1978

Ganed **John Oster** yn Boston, Swydd Lincoln. John oedd chwaraewr ifanc y flwyddyn Cymru yn 1997, y flwyddyn y talodd Everton £1.9 miliwn i Grimsby Town amdano. Symudodd John i Sunderland yn 1999 am £1 miliwn ond methodd â gwireddu'r addewid a ddangosodd yn 18 oed, a dim ond 13 cap a enillodd rhwng 1997 a 2004.

John Oster was born in Boston, Lincolnshire. John was the young Welsh player of the year in 1997, the year Everton paid Grimsby Town £1.9 million for him. John moved to Sunderland in 1999 for £1 million but he did not fulfill the promise he showed at 18, and he won just 13 caps between 1997 and 2004.

9 RHAGFYR/DECEMBER 1964

Gwlad Groeg – 2, **Cymru** – 0 (Cwpan y Byd, grŵp rhagbrofol 7). Aeth y tîm cartref ar y blaen wedi pedair munud, ac wedi 35 munud cafwyd ffrwgwd ar y cae gyda 12 chwaraewr o'r ddau dîm yn ei chanol hi.

*Greece – 2, **Wales** – 0 (World Cup qualifying group 7). The home team scored after four minutes, and after 35 minutes the match degenerated into a 12 man brawl.*

10 RHAGFYR/DECEMBER 2009

Cyflwynodd **Cymdeithas Bêl-droed Cymru** eu prif weithredwr newydd Jonathan Ford fyddai'n cydweithio â'r ysgrifennydd cyffredinol David Collins tan i Collins ymddeol yn y flwyddyn newydd.

HEFYD, ar y dydd hwn yn 1988 ganed **Simon Church.**

The Football Association of Wales introduced their new chief executive Jonathan Ford who would work alongside the secretary-general David Collins until Collins's retirement in the new year.

*ALSO, on this day in 1988 **Simon Church** was born.*

11 RHAGFYR/DECEMBER 1990

Dangoswyd cerdyn coch i **Tony Rees** (un cap yn 1984) a Tom Watson, y ddau'n chwarae i Grimsby Town yn Darlington – am ymladd â'i gilydd.

Tony Rees (one cap in 1984) and Tom Watson, both playing for Grimsby Town at Darlington, are sent off – for fighting each other.

12 RHAGFYR/DECEMBER 2015

Ym Mharis trefnwyd y grwpiau ar gyfer rowndiau terfynol Ewro 2016. Roedd Cymru yn Grŵp B gyda Lloegr, Rwsia a Slofacia, a'r gemau i'w chwarae yn Bordeaux, Lens a Toulouse. Nawr gallai'r ffans yn y ffydd drefnu eu teithiau a gofyn am amser o'r gwaith – wythnos, pythefnos, neu fwy?! Roedd yr albwm sticeri Panini hanfodol eisoes wedi cyrraedd y siopau ar 3 Rhagfyr.

In Paris the draw was made for the Euro 2016 finals. Wales were in Group B with England, Russia and Slovakia, and the matches were to be played in Bordeaux, Lens and Toulouse. The fans could now arrange their trips and book time off work – one week, two weeks, or more?! The essential Panini album – Wales Official Campaign Sticker Collection – was in the shops since 3 December.

13 RHAGFYR/DECEMBER 1988

Ganed **Darcy Blake** yng Nghaerffili. Enillodd Darcy 14 cap rhwng 2010 a 2012. Cofir am ei berfformiad fel seren y gêm yn Wembley yn 2011.

__Darcy Blake__ was born in Caerphilly. Darcy won 14 caps between 2010 and 2012, the highlight being his man of the match performance at Wembley in 2011.

14 RHAGFYR/DECEMBER 1994

Cymru – 1, Bwlgaria – 3 (Pencampwriaeth Ewrop, grŵp rhagbrofol 7). Yn sgil colli 3–2 yn Moldofa a 5–0 yn Georgia gwnaeth Mike Smith benderfyniad dadleuol trwy ddewis Vinny Jones i ennill ei gap cyntaf. Chwaraeodd Jones naw gwaith i Gymru – ni enillwyd yr un ohonynt.

__Wales__ – 1, Bulgaria – 3 (European Championship, qualifying group 7). Following defeats in Moldova (3–2) and Georgia (5–0) Mike Smith controversially awarded Vinny Jones his first cap. Jones played nine times for Wales – six defeats and three draws.

15 RHAGFYR/DECEMBER 1957

Ym mhencadlys FIFA yn Zurich penderfynwyd pwy fyddai'n wynebu Israel am le yn rowndiau terfynol Cwpan y Byd 1958. Roedd Twrci, Indonesia, Yr Aifft a Swdan wedi gwrthod cymryd rhan mewn gemau rhagbrofol yn erbyn Israel, a rhoddwyd enwau'r gwledydd ddaeth yn ail yn eu grwpiau yn y Cwpan, tlws Jules Rimet ar y pryd. Yr enw ddaeth allan oedd Gwlad Belg, a wrthododd y cyfle. Yr enw nesaf oedd Cymru, a dyna sut y daeth **Cymru** i gynrychioli Asia ac Affrica yn Sweden.

At their headquarters in Zurich FIFA decided who would face Israel for a place at the 1958 World Cup finals. Turkey, Indonesia, Egypt and Sudan had refused to play qualifying matches against Israel, and so the names of countries who had finished as runners-up in their groups were placed in the Cup, the Jules Rimet Trophy as it was then. The first name out was Belgium, but they refused the second chance. The next name was Wales, and that's how __Wales__ came to represent Asia and Africa in Sweden.

16 RHAGFYR/DECEMBER 1969

Bu farw **Bert Gray** yn 69 oed. Bert oedd gôl-geidwad Cymru pan enillwyd pencampwriaeth gwledydd Prydain yn 1924 ac yn 1928. Enillodd Bert 24 cap rhwng 1924 a 1938.

Bert Gray died aged 69. Bert was goalkeeper when Wales won the British international championship in 1924 and 1928. Bert won 24 caps between 1924 and 1938.

17 RHAGFYR/DECEMBER 1941

Ganed **Glyn James** yn Llangollen. Enillodd Glyn naw cap i Gymru rhwng 1966 a 1971, ac fe gynrychiolodd ei unig glwb, Blackpool, mewn 401 o gemau cynghrair.

Glyn James was born in Llangollen. He made nine appearances for Wales between 1966 and 1971, and he played 401 league matches for Blackpool, his only club.

18 RHAGFYR/DECEMBER 1946

Bu farw **Moses Russell** yn 58 oed. Gyda Moses yn gapten gorffennodd Plymouth Argyle yn yr ail safle yn y Drydedd Adran (De) am chwe thymor yn olynol yn y 1920au. Erbyn iddynt gyrraedd yr Ail Adran yn 1930 roedd gyrfa Moses yn dirwyn i'w therfyn. Enillodd Moses yr olaf o'i 23 cap yn 1928, a safodd ei 20 cap gyda Plymouth yn record i'r clwb tan 2007.

Moses Russell died aged 58. He led Plymouth Argyle to runner-up position in the Third Division (South) in six successive seasons in the 1920s. When they did achieve promotion to the Second Division in 1930 Moses's career was drawing to a close. Moses won his 23rd and last cap in 1928, and his 20 caps as a Plymouth player stood as a club record until 2007.

19 RHAGFYR/DECEMBER 2016

Cafodd **Cymdeithas Bêl-droed Cymru** ddirwy o £15,692 gan FIFA am arddangos pabïau yn y gêm yn erbyn Serbia yn stadiwm Dinas Caerdydd ar 12 Tachwedd.

The Football Association of Wales were fined £15,692 by FIFA for displaying poppies at the match against Serbia at Cardiff City Stadium on 12 November.

20 RHAGFYR/DECEMBER 1985

Trwy orchymyn yr Uchel Lys yn Llundain cafodd clwb **Abertawe** ei ddirwyn i ben. Gyda'r dyledion yn enfawr, clowyd gatiau'r Vetch ac ymddangosai y byddai'r staff o 47 ar y clwt. Yn wyrthiol llwyddodd y cefnogwyr brwd i gadw'r clwb yn fyw a llwyddwyd i chwarae'r gêm yng Nghaerdydd ar Ŵyl San Steffan.

*By order of the High Court in London **Swansea City** FC was wound up. With huge debts, the gates at the Vetch Field were padlocked and it appeared that the staff of 47 faced the dole. Miraculously the club was kept alive by hard working supporters and the Boxing Day match at Cardiff went ahead.*

21 RHAGFYR/DECEMBER 1983

Iwgoslafia – 3, Bwlgaria – 2 (Pencampwriaeth Ewrop, grŵp rhagbrofol 4). Gyda gobeithion **Cymru** o gyrraedd y rowndiau terfynol yn dibynnu ar ganlyniad y gêm hon yn Split darlledwyd sylwebaeth fyw ar BBC Radio Wales. Sgoriwyd y gôl fuddugol wedi 91 munud – roedd Cymru wedi dod o fewn 40 eiliad i gyrraedd rowndiau terfynol 1984 yn Ffrainc.

*Yugoslavia – 3, Bulgaria – 2 (European Championship qualifying group 4). With **Wales's** qualifying hopes depending on the result of this match in Split a live commentary was broadcast on BBC Radio Wales. The winning goal was scored after 91 minutes – Wales had been within 40 seconds of qualifying for the 1984 finals in France.*

22 RHAGFYR/DECEMBER 1932

Ganed **Phil Woosnam** yng Nghaersŵs. Enillodd Phil 15 cap amatur a gwobr chwaraewr amatur y flwyddyn yn 1955 cyn iddo ennill 17 cap hŷn gyda Leyton Orient, West Ham United ac Aston Villa. Yna symudodd i Unol Daleithiau America lle bu'n hyfforddwr a rheolwr, a chomisiynydd y gynghrair newydd yno (North American Soccer League) o 1969 hyd 1983. Bu farw yn Georgia, UDA, yn 2013 yn 80 oed.

Phil Woosnam was born in Caersŵs. Phil won 15 amateur caps and he was amateur player of the year in 1955. He went on to win 17 senior caps with Leyton Orient, West Ham United and Aston Villa. He then moved to the United States of America where he became a coach and manager, and commissioner of the new North American Soccer League from 1969 until 1983. He died in Georgia, USA, in 2013 aged 80.

23 RHAGFYR/DECEMBER 1964

Caerdydd – 0, Sporting Lisbon – 0 (Cwpan Enillwyr Cwpan Ewrop, ail rownd, ail gymal). Roedd canlyniad di-sgôr yn berffaith i Gaerdydd yn dilyn eu buddugoliaeth ragorol ac annisgwyl yn y cymal cyntaf yn erbyn deiliaid y cwpan.

Cardiff City – 0, Sporting Lisbon – 0 (European Cup Winners Cup, second round, second leg). Following their magnificent and unexpected victory in the first leg against the cup holders this was the perfect result for Cardiff.

24 RHAGFYR/DECEMBER 1925

Ganed **Noel Kinsey** yn Nhreorci. Yn 2003 anrhydeddwyd Noel gan Norwich City am ei gyfraniad i hanes y clwb, hanner can mlynedd wedi iddo symud i Birmingham City. Noel rwydodd unig gôl Birmingham yn rownd derfynol Cwpan FA Lloegr yn 1956 ac enillodd 7 cap rhwng 1951 a 1955. Bu farw yn 2017 yn 91 oed.

Noel Kinsey was born in Treorchy. In 2003 Norwich City celebrated Noel's contribution to the club's history, fifty years after his transfer to Birmingham City. He scored Birmingham's only goal at the 1956 FA Cup final and he won 7 caps between 1951 and 1955. Noel died in 2017 aged 91.

25 RHAGFYR/DECEMBER 1959

Coventry City – 5, **Wrecsam** – 3. Y gêm hon yn y Drydedd Adran oedd y tro olaf i un o glybiau Cymru chwarae gêm yng Nghynghrair Lloegr ar Ddydd Nadolig.

*Coventry City – 5, **Wrexham** – 3. This match in the Third Division was the last occasion a Welsh club played a Football League match on Christmas Day.*

26 RHAGFYR/DECEMBER 1990

Ganed **Aaron Ramsey** yng Nghaerffili. Roedd yn 16 mlwydd a 123 diwrnod oed pan chwaraeodd i Gaerdydd ym mis Ebrill 2007. Trosglwyddwyd Aaron i Arsenal ym mis Mehefin 2008 am £4.8 miliwn ac enillodd ei gap cyntaf ym mis Tachwedd 2008. Bu ei gyfraniad yng nghanol y cae yn allweddol i lwyddiant Cymru yng ngemau rhagbrofol Ewro 2016, ac yn Ffrainc roedd Aaron yn un o sêr disgleiraf y twrnamaint.

Aaron Ramsey was born in Caerphilly. He was 16 years and 123 days old when he made his first appearance for Cardiff City in April 2007. Aaron was transferred to Arsenal in June 2008 for £4.8 million and he won his first cap in November 2008. His contribution in midfield was a key factor in Wales's success in the Euro 2016 qualifiers and in France Aaron was one of the tournament's brightest stars.

27 RHAGFYR/DECEMBER 1931

Ganed **John Charles** yn Abertawe. Yn y 1950au John oedd y blaenwr canol (streicar) gorau yng ngwledydd Prydain, os nad y byd, a'r canolwr (amddiffynnwr canol) gorau – ar yr un pryd. Mae ei 42 gôl yn 1953-54 yn dal yn record i Leeds United. Yn 1957 trosglwyddwyd John i Juventus lle bu'n llwyddiant ysgubol am bum mlynedd. Enillodd John 38 cap rhwng 1950 a 1965. Ar ddiwedd ei yrfa bu'n chwaraewr-reolwr yn Henffordd a Merthyr Tudful. Bu farw yn 2004 yn 72 oed (gweler 21 Chwefror).

John Charles was born in Swansea. In the 1950s John was not only the best centre-forward (striker) in Britain, if not the world, but also the best centre-half (central defender) – at the same time. His 42 goals in 1953-54 still stand as a club record for Leeds United. In 1957 John was transferred to Juventus where he was an outstanding success for five years. John won 38 caps between 1950 and 1965. At the end of his career John was player-manager at Hereford United and Merthyr Tydfil. He died in 2004 aged 72 (see 21 February).

Chris Coleman

28 RHAGFYR/DECEMBER 1957

Caerdydd – 6, Lerpwl – 1 (Ail Adran). Bu'n fis Rhagfyr nodedig ar Barc Ninian gyda thair buddugoliaeth swmpus: curo Barnsley 7–0, Stoke City 5–2, ac yna'r gêm hon.

Cardiff City – 6, Liverpool – 1 (Second Division). It was an excellent December at Ninian Park with a goal glut. This match followed victories over Barnsley 7–0, and Stoke City 5–2.

29 RHAGFYR/DECEMBER 2011

Bu farw **Ron Howells** yn 84 oed. Ron oedd gôl-geidwad Caerdydd yn y 1950au pan oedd yr Adar Glas yn chwarae yn yr Adran Gyntaf, ac enillodd ddau gap yn 1953.

Ron Howells died aged 84. Ron was Cardiff City's regular goalkeeper in the 1950s when the Bluebirds played in the First Division, and he won two caps in 1953.

30 RHAGFYR/DECEMBER 2016

Roedd dau enw cyfarwydd ar restr anrhydeddau'r flwyddyn newydd: OBE i Chris Coleman, rheolwr **Cymru**, ac MBE i Trefor Lloyd Hughes, Llywydd Cymdeithas Bêl-droed Cymru 2012-15.

*Two familiar names appeared in the new year honours list: OBE for Chris Coleman, **Wales** manager, and MBE for Trefor Lloyd Hughes, President Football Association of Wales 2012-15.*

31 RHAGFYR/DECEMBER 2002

Bu farw **Billy Morris** yn 84 oed. Roedd Billy yn un o sêr Burnley a gyrhaeddodd rownd derfynol Cwpan FA Lloegr ac a enillodd ddyrchafiad i'r Adran Gyntaf yn 1947. Enillodd Billy bum cap rhwng 1947 a 1952 a bu'n rheolwr Wrecsam ddwywaith, 1960-61 a 1965.

Billy Morris died aged 84. Billy was one Burnley's stars when the Clarets reached the FA Cup Final and won promotion to the First Division in 1947. Billy won five caps between 1947 and 1952 and he managed Wrexham on two occasions, 1960-61 and 1965.